경매하는
직딩아빠

홈페이지 | www.vegabooks.co.kr **이메일** | info@vegabooks.co.kr
블로그 | http://blog.naver.com/vegabooks
인스타그램 | @vegabooks **페이스북** | @VegaBooksCo

경매하는 직딩아빠

부동산 경매 투자 9단계

경매하는 직딩아빠 지음

베가북스
VegaBooks

프롤로그

누구나 할 수 있는 부동산 경매 투자

안녕하세요. 실전 투자자 '경매하는 직딩아빠'입니다. 여러분은 왜 이 책을 펼치셨나요? 다양한 분이 계시겠지만 아마 목표는 모두 저와 같을 것입니다. 바로 돈을 버는 것입니다. 저도 여러분처럼 돈을 벌고 싶은 마음에 부동산 경매 투자를 시작했습니다.

돈을 벌고 싶은 이유는 참 다양합니다. 나와 내 가족의 행복을 위해, 더 나은 삶을 위해, 자본주의 시장에서 살아남기 위해. 저 역시 마찬가지 이유로 부동산에 관심을 가졌었습니다. 하지만 처음 접한 부동산은 제가 투자하기에는 너무 거대해 보였습니다. 그래서 저도 모르게 이런 말이 튀어나왔습니다.

"난 아직 돈이 너무 부족해!"

'부동산 투자는 아무나 할 수 있는 게 아니다!'라는 막연한 두려움이 저를 한 발짝도 앞으로 나아가지 못하게 붙잡은 것입니다. 하지만 이대로 가만히 있으면 안 된다는 또 다른 두려움이 계속 저를 울타리 밖으로 밀어냈습니다. 그래서 용기를 내 부동산 탐색을 시작했습니다. 그러자 공부하면 할수록 '이렇게 하면 돈을 벌 수 있구나!'라는 자신감이 점점 차올랐습니다.

부동산 경매라는 분야를 처음 접했을 때 '이건 뭐지? 정말 이렇게 돈을 벌 수 있다고?'라는 의심이 들었습니다. 그래서 다방면으로 참 열심히 자료 조사를 했었습니다. 그러면서 경매에 어느 정도 지식이 늘고, 나름 돈이 되는 물건을 보는 눈이 생기며 자신감이 붙기 시작했습니다. 그리고 내 눈에 좋아 보였던 물건이 내가 예상했던 가격 근처에서 낙찰되는 것을 보며 확신하게 되었습니다.

"아, 나도 하면 되겠다!"

부동산 경매 투자를 해야겠다고 결심하자마자 저는 출근 전 새벽, 퇴근 후 늦은 밤에라도 어떻게든 시간을 만들었습니다. 회사에서도 점심시간 또는 휴식 때 10분이라도 시간을 내 입찰할 경매 물건을 알아보기 시작했습니다. 출퇴근 시간에도 머릿속이 경매 생각으로 가득했고, 경매 물건을 찾는 일을 손에서 놓을 수 없었습니다.

그렇게 물건 검색과 시세 조사를 하고, 현장 조사와 그 외 경매 관련 일들을 점검했습니다. 이후 경매에서 낙찰받으면 얻게 될 수익률도 계산했습니다. 처음 입찰할 때는 살아있다는 떨림을 느꼈습니다. 몇 번의 입찰 후 첫 낙찰을 받고, 그다음 과정을 하나씩 힘겹게 처리하면서 부동산 경매라는 것을 더 잘 알게 되었습니다. 그러고 나니 이런 생각이 들었습니다.

"부동산 경매에 사람들의 편견이 상당히 많았구나."

명도부터 수리, 임대까지 마무리하고 나니 매우 뿌듯했습니다. 이대로 반복하면 계속 수익을 낼 수 있겠다는 확신이 들었습니다. 실제로 매달 통장에 입금되는 임대 수익을 확인할 때마다 가만히 있을 수가 없었습니다.

부동산 투자가 늘면서 매년 정리해야 했던 등기필증과 계약서가 이제는 매달 정리해야 할 정도로 많아졌습니다. 그만큼 경매로 낙찰받는 물건이 많아졌고, 물건을 사고파는 횟수도 늘어났습니다.

수익 구조를 직접 경험하니, 계속해서 경매 투자를 할 수밖에 없게 되었습니다. 따라서 제가 여러분께 드리고 싶은 말은 다음과 같습니다.

"경매 투자, 누구나 할 수 있다!"

실제로 저는 친한 지인이나 친인척에게 경매 투자를 많이 권합니다. 제가 돈을 버는 것처럼 그들도 충분히 해낼 수 있는 투자 방법이기 때문입니다. 하지만 안타깝게도 많은 분들이 경매 투자를 시작하지 않습니다.

제가 이 책을 쓰는 목표는 여러분이 지속적으로 경매 투자를 할 수 있게 만드는 것입니다. 시작부터 끝까지 하나하나 따라 할 수 있도록 만들어 결국에는 스스로 수익을 얻을 수 있도록 자세히 안내할 예정입니다.

만약 아직도 경매에 편견이 있다면 이 책을 끝까지 읽어보시길 권합니다. 제 글이 여러분이 앞으로 나아가는 데 적절한 동기부여가 되면 좋겠습니다. 첫 낙찰을 받는 순간, 여러분의 인생이 달라진다고 저는 확신합니다.

사람의 체질과 똑같이 마인드를 바꾸기는 어렵습니다. 하지만 경매식 마인드를 가진다면 경매 투자로 충분히 성공할 수 있습니다. 지금부터 저와 같이 부동산 경매 투자를 시작합시다.

경매하는 직딩아빠

목차

1단계

부동산 경매 투자의 마인드

2단계

부동산 경매 투자의 입문

3단계

부동산 경매 투자의 시작

4단계

부동산 경매 투자의 기본

5단계

부동산 경매 투자의 시세

6단계

부동산 경매 투자의 수익

7단계

부동산 경매 투자의 비용

8단계

부동산 경매 투자의 명도

9단계

부동산 경매 투자의 마무리

1단계

부동산 경매 투자의 마인드

월급 이외의 소득을 만들어라

"부동산 경매는 너무 위험하지 않나요?"

"처음 하기엔 복잡하지 않나요?"

"경매로 얻은 집은 위험하지 않나요?"

처음 부동산 경매를 시작하면 수많은 의문이 머릿속에 떠오릅니다. 여러분은 먼저 앞선 편견에서 벗어나야 합니다. 이런 고정관념에 사로잡혀 머뭇거려서는 안 됩니다.

올바른 방향으로 가기 위해서는 먼저 부동산 경매 투자 마인드를 갖춰야 합니다. 이제 월급만으로 재산을 늘리는 것은 힘든 시대입니다. 이를 인정하고 벗어나려는 것이 부동산 경매 투자의 시작입니다.

시대는 상황에 따라 바뀝니다. 상황에 맞게 사람들의 마인드도 달라져야 합니다. 매년 높아지는 물가만큼 수중의 현금 가치는 떨어지고 있습니다. 내 돈이 주머니나 은행에만 있다면 그 가치는 계속 떨어질 뿐입니다.

투자는 선택이 아닌 필수

월급만으로는 시대의 흐름을 따라갈 수 없습니다. 우리는 월급 이 이외의 다른 소득이 필요합니다. 만약 현재 소득이 월급뿐이라면 생각해보시기 바랍니다. 직장이 과연 나에게 죽을 때까지 월급을 줄까요? 오래 일해봐야 정년까지입니다. 정년까지 일을 한다면 다행이지만, 정년 전에 퇴직할 수도 있습니다.

하지만 이런 현실에도 대부분은 요행을 바라거나 제대로 된 준비를 하지 않습니다. 다른 방법을 배우기 귀찮아하고 노력도 하지 않습니다. 제대로 알아보지도 않고 대뜸 투자부터 하기도 합니다. 어떤 사람은 열심히 알아보고 막상 투자는 하지 않습니다. 이런 사람들을 보면 그저 안타까울 뿐입니다.

부동산 경매 시장도 마찬가지입니다. 실제로 경매를 해보겠다고 투자를 시작하는 사람들은 매년 늘고 있습니다. 하지만 기본적인 준비와 공부도 제대로 하지 않는 사람이 대부분입니다. 이런 사람들은 곤란한 매물을 낙찰받고 어려운 상황에 처하기도 합니다. 어떤 사람은 투자 공부만 하고 실천을 전혀 하지 않습니다.

이는 모두 부동산 경매 투자에 대한 마인드가 제대로 자리 잡지 않았기 때문입니다. 마인드가 약하면 작은 것조차 행동으로 옮기지 못합니다. 경매 기술을 배우는 것은 오히려 쉽습니다. 마인드를 바꾸는 것이 가장 힘듭니다. 부동산 경매 투자를 하려면 마인드부터 강하게 키워야 합니다.

저는 부동산 경매를 하고자 하는 많은 사람을 겪으며 깨달았습니다. 먼저 부동산 경매 투자 마인드를 제대로 가져야 이후에 실천 의지 또한 가질 수 있다는 것을 말입니다.

투자 마인드를 토대로 투자를 실천하면 그 과정에서 다양한 경험을 하게 됩니다. 이것은 이론으로는 느낄 수 없는 부분입니다. 하나하나 경험하면서 시행착오를 몸소 느껴봐야 합니다.

부동산 경매를 한 번도 해보지 않은 사람은 많지만, 한 번만 해본 사람은 드뭅니다. 경험해본 사람은 알아서 다음 물건을 찾습니다. 왜냐하면 부동산 시장을 예측하기 힘들 때, 위험을 최소화하고 수익은 극대화할 수 있는 최고의 투자가 바로 부동산 경매임을 온몸으로 깨닫기 때문입니다.

부동산 경매의 장점

권리분석
낙찰금 이외에 낙찰자가 더 지불해야 하는 돈이 있는지 확인하는 작업을 말한다.

시세 조사
경매로 나온 물건의 시세를 조사하는 활동을 말한다. 시세는 경매 물건 근처의 부동산에서 알아보는 것이 가장 정확하다.

레버리지
빚을 투자금으로 활용하는 투자 방법을 말한다.

부동산 경매는 기본기를 익히면 리스크가 현저히 낮아집니다. 권리분석과 시세 조사 이 두 가지만 잘한다면 절대 잃지 않는 투자가 바로 부동산 경매입니다. 부동산 경매는 그만큼 쉽고 간단합니다. 어렵다는 편견만 버리면 많은 기회와 수익이 숨어있는 곳이 부동산 경매 시장입니다.

부동산 경매의 다른 장점도 있습니다. 일단 부동산이라는 것은 나이를 먹어도 하기 쉽습니다. 오히려 투자 경험이 쌓여서 나이를 먹을수록 더 잘할 수 있게 됩니다. 또한 경매는 시스템 자체의 변화가 거의 없습니다. 그래서 한 번 배우면 거의 평생 써먹을 수 있습니다.

그리고 부동산 경매는 본인이 마음먹은 대로 매수 및 매도가 가능합니다. 매매 타이밍을 내가 정할 수 있는 것입니다. 가격이 높으면 입찰하지 않으면 됩니다. 이후 내가 원하는 수준까지 가격이 떨어진 후 낙찰받으면 됩니다. 싸게 낙찰받아 시세보다 낮게 매물을 내놓으면 물건은 팔리게 되어있습니다. 게다가 **레버리지**를 활용하면 적은 투자금으로도 많은 수익이 가능합니다. 그러므로 편견을 버리고 부동산 경매 투자를 시작해보기 바랍니다.

입찰 서류 작성 방법
입찰 서류는 매수신청보증 봉투, 입찰 봉투, 기입입찰표를 서식에 맞게 작성해야 한다.

사실 경매의 원리는 단순합니다. 권리분석과 시세 조사 그리고 입찰 서류 작성 방법 정도만 알면 됩니다. 그러면 어떤 경매 물건이든 입찰이 가능합니다.

부동산 경매의 범위

작은 범위

작은 범위는 경매 투자의 기술적인 부분을 말합니다. 경매 물건은 어떻게 검색하는지, 권리분석은 어떻게 해야 하는지, 시세 조사를 어떻게 효율적으로 하는지, 입찰 서류는 어떻게 작성해야 하는지 등의 기술이나 능력을 작은 범위라고 생각하면 됩니다.

큰 범위

큰 범위는 쉽게 말해서 부동산 경매 투자에 대한 자세와 마인드입니다. 이는 등한시하기 쉽습니다. 하지만 실은 마인드가 핵심입니다. 부동산 경매 투자 기술을 배우기에 앞서 기존의 마인드를 완전히 바꿔야 합니다.

자동차로 비유하자면 마인드는 연료, 경매 기술은 자동차입니다. 연료가 없으면 아무리 좋은 자동차가 있어도 시동도 걸 수 없습니다. 그렇기에 기술보다 마인드가 먼저입니다. 이 마인드만 잘 갖추면 기술적인 것은 스스로 알아서 찾아보게 되어 있습니다. 이것이 제가 계속 마인드를 강조하는 이유입니다.

부동산 경매의 범위 비교

작은 범위	큰 범위
자동차	연료
경매 투자 기술	경매 투자 마인드
실행력	실천력

여러분은 왜 부동산 경매를 시작하려고 하시나요? 대부분 돈을 벌기 위해서라고 대답하실 겁니다. 하지만 돈을 버는 방법은 세상에 많이 있습니다. 그런데 왜 하필 부동산 경매로 돈을 벌고자 하는지 스스로 생각해봅시다. 과연 내가 정말 경매 투자로 돈을 벌 수 있을지도 고민해봅시다. 마지막으로 정말 내가 돈을 벌 수 있다고 다짐해봅시다. 이처럼 스스로에게 강한 투자 마인드를 부여해야 합니다.

부동산 경매 투자를 위한 필수 요소로는 네 가지를 이야기할 수 있습니다. '투자 마인드, 두려움 극복, 물건 조사 능력, 부동산을 보는 눈'입니다. 이 네 가지는 가장 중요한 요소이자, 가장 실행하기 어려운 내용이기도 합니다.

부동산 경매 투자 필수 요소 4가지

물건 조사 능력과 부동산을 보는 눈

물건 조사 능력은 대표적으로 권리분석이나 시세 조사와 같은 내용입니다. 이것은 기술적인 부분이라서 배우고 연습하면 누구나 익숙해지고, 해결이 가능합니다. 부동산을 보는 눈도 실전 경험을 쌓다 보면 기간의 차이가 있을 뿐, 다들 자연스럽게 배울 수 있습니다. 하지만 투자 마인드와 두려움 극복은 얘기가 다릅니다. 결국에는 스스로 깨달아야 하는 문제이기 때문입니다.

투자 마인드와 두려움 극복

여러 사람을 만나면서 부동산 경매에 대한 보수적인 마인드를 많이 접했습니다. 편견에 갇혀 실행도 하지 못하는 경우가 참 많습니다. 주위의 친구나 지인과 대화를 해봐도 느끼실 겁니다. 그만큼 사람의 마인드를 바꾸는 것은 쉽지 않습니다.

부동산 경매 투자에 관한 기본적인 이론과 내용을 모두 배운 사람이 있습니다. 이 사람은 원하는 경매 물건을 권리분석하고 시세 조사까지 다 진행했습니다. 심지어 입찰 가격을 정해 놓고서 경매 날짜만 기다리는 상황이었습니다. 하지만 이 사람은 앞의 모든 준비를 끝내놓고도 결국 입찰을 포기했습니다. 입찰 하루 전이나 당일에 낙찰을 코앞에 두고 입찰을 거부한 것입니다.

이는 아직까지 투자에 대한 마인드가 부족하기 때문에 발생하는 일입니다. 읽고 보고 듣고 머릿속으로 생각만 하고 공부만 해서는 절대 우리의 삶이 변하지 않습니다. 실천과 행동을 통해서만 비로소 무엇인가 다른 결과를 만들어낼 수 있습니다.

실제 사례만 살펴보아도 이는 쉽게 알 수 있습니다. 부동산으로 부자가 된 사람들을 보면 저명한 경제학자나 서울대 경제학과 교수가 아닙니다. 오히려 서울 부동산 시장을 꾸준히 경험한 강남의 아주머니가 부동산으로 큰 수익을 냈습니다. 이처럼 부동산 경매의 내용이나 기술적인 면은 어렵지 않습니다.

부동산 경매, 자본가가 되는 방법

지금 이 책을 읽고 계신 여러분은 대부분 근로자입니다. 근로자는 수입의 대부분이 근로소득입니다. 하지만 실제로 우리가 원하는 포지션은 자본가입니다. 자본가란 노동 없이 돈으로 돈을 버는 사람을 말합니다.

그럼 이런 자본가가 되기 위해서 필요한 것은 무엇일까요? 소득은 앞서 말한 근로소득을 비롯하여 예적금, 펀드, 채권, 주식, 부동산 등 다양한 도구를 활용하여 얻을 수 있습니다. 부동산 경매도 이 도구들 중 하나입니다.

그렇다면 부동산을 한번 간단하게 살펴봅시다. 부동산 투자의 핵심은 무엇일까요? 어떻게 돈을 벌 수 있을까요? 임대 수익과 매매 차익. 이 두 가지가 핵심입니다. 부동산은 임대 수익과 매매 차익으로 돈을 버는 것입니다.

임대 수익
부동산은 임대 수익으로 안정된 소득을 얻을 수 있는 장점이 있다.

매매 차익
매매 차익을 얻는 핵심은 부동산을 싸게 매입하는 것이다.

공실
건물이 임대되지 않고 비어있는 상황을 말한다.

임대 수익

사람들은 상가나 주택에 투자할 때 공실이 날까 많이 걱정합니다. 하지만 경매로 받은 물건은 상대적으로 싼 가격 덕분에 주변 시세보다 싸게 내놓을 수 있습니다. 효율적인 인테리어를 통해 더 나은 가격으로 임대를 줄 수도 있습니다. 일반 매매보다 싼 가격으로 구입했기 때문에 가능한 일들입니다.

부동산에서 경매 시장은 대부분 매수자가 갑이고 매도자가 을에 위치하고 있습니다. 경매는 결국 매도자가 물건을 제대로 팔지 못해서 경매까지 나온 상황입니다. 매수자는 물품의 가격을 스스로 정할 수 있습니다. 매수자가 제대로 된 스킬만 지니고 있다면 절대적으로 유리한 위치에 있다는 것입니다.

매수자
물건을 사는 사람을 말한다.

매도자
물건을 파는 사람을 말한다.

일반 매매
일반적인 부동산 거래를 말한다. 현 시세보다 싸게 사는 것은 사실상 어렵다. 주로 실거주 및 가치 투자를 위한 거래가 많다.

급매
현 부동산 시세보다 10~20% 싸게 나온 매물을 말한다.

매매 차익

매매 차익이란 부동산을 싸게 사서 비싸게 파는 것입니다. 내가 부동산을 5억 원에 사서 8억 원에 팔면 3억 원의 매매 차익을 얻을 수 있습니다. 이를 위해서는 일단 먼저 싸게 살 수 있어야 합니다. 왜냐하면 비싸게 사서 더 비싸게 팔기란 쉽지 않기 때문입니다.

싸게 사려면 일반 매매로 가능할까요? 간혹 급매가 나오면 가능할지도 모르겠습니다. 하지만 급매 물건이 나에게 올 확률은 그리 높지 않을 겁니다. 이런 급매보다 싸게 사고, 내가 그 물건을 가져갈 수 있는 확률도 높일 수 있는 방법이 있습니다. 바로 경매입니다.

근로자에서 건물주까지

저는 대학생 시절부터 아르바이트로 돈을 모았습니다. 정말 악착같이 모았습니다. 소비를 거의 하지 않을 정도였습니다. 그렇게 모으는 습관이 몸에 배어서 직장에 들어가서도 월급의 80% 이상을 저축했습니다. 일단 돈이 생기면 무조건 저축이라는 마인드였습니다.

그렇게 돈을 모아서 비교적 이른 나이에 제 명의 아파트를 마련했습니다. 당시는 자랑스러웠지만 돌이켜보면 부린이 시절이었습니다. 부동산에 대출을 활용한다는 생각도 못 했었기 때문입니다. 그 이후 저는 일단 집을 장만했다고 안도하며 직장 생활을 했습니다. 이전처럼 돈을 계속 저축하면서, 하루하루를 보냈습니다.

소득의 종류

근로소득	자본소득	기타소득
근로소득	이자소득	기타소득
사업소득	연금소득	양도소득
퇴직소득	배당소득	–

어느 날 앞으로 내가 저축해서 모을 수 있는 돈은 얼마인지 계산해보았습니다. 10년 뒤, 20년 뒤, 30년 뒤…. 저축만으로는 제가 모으고 싶은 금액에 절대로 도달할 수 없다는 것을 깨달았습니다. 그때부터 돈을 벌 수 있는 다른 방법을 찾아보았습니다. 그러다가 알게 된 것이 부동산 경매였습니다. 부동산 경매는 제가 자본가가 될 수 있도록

나이별 소비 패턴과 지출 금액 변화

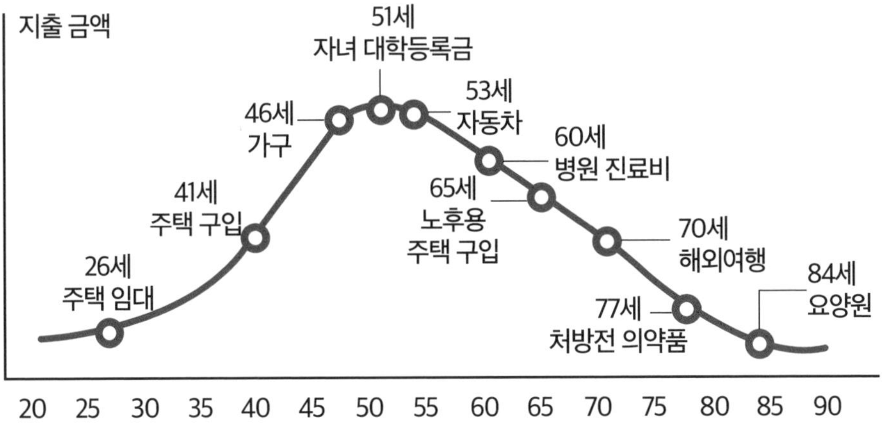

출처 : 텐트연구소, NH투자증권

도와주는 아주 매력적인 도구였습니다.

그래서 처음에 500만~600만 원 정도의 투자금으로 경매를 시작했습니다. 대출 레버리지를 활용하면 실제 투자에 들어간 돈은 이보다 훨씬 적었습니다. 그렇게 낙찰을 받으니 매월 50만 원의 임대 수익이 만들어졌습니다. 저는 이렇게 시작했습니다.

그 이후 투자금은 늘어 3억 원 정도가 되었고, 임대 수익은 매월 300만 원이 되었습니다. 더 나아가 지금은 1,000만 원 이상의 월세가 매월 들어오고 있습니다. 이 방법이 바로 제가 월급 이상의 수익 파이프라인을 만들고 자본가가 된 방법입니다.

파이프라인
정기적으로 안정된 수익이 들어오는 구조를 말한다.

자본가가 되는 마인드

현재 자신의 인생을 한번 돌아봅시다. 개인마다 차이가 있겠지만 지금 여러분이 살고 있는 삶은 과거의 자신이 무수히 저질렀던 선택의 결과입니다. 만약 지금의 결과에 만족하지 못한다면 그것은 잘못된 마인드를 가지고 행동과 판단을 했을 확률이 높습니다. 그럼 이제부터라도 나의 미래를 바꾸려 노력해야 합니다.

부자들은 어떤 마인드로 부자가 되었을까요? 나도 부자들처럼 사고하고 올바른 방향으로 행동할 수 있을까요? 그러기 위해서는 먼저 구체적으로 목표를 설정해야 합니다.

목표 설정의 마법

수영장에서 운동을 한다고 생각해봅시다. 운동 전에 '오늘은 한 시간 정도 운동하다 와야지'라고 마음먹는 것과 '오늘은 수영장 레일을 30바퀴 돌고 와야지'라고 구체적 목표를 설정하는 것은 내 행동과 실천에 아주 큰 차이를 줍니다. 후자의 경우 내가 수영에 임하는 자세도 달라집니다. 바로 목표가 있기 때문입니다.

30살, 40살, 50살 그리고 60살, 70살일 때 나의 모습을 그려봅시다. 구체적으로 나는 어떻게 살고 싶은지를 생각해봅시다. 지금은 믿기지 않을 수도 있겠지만, 이런 행동은 큰 차이를 불러옵니다. 책상 앞에 목표를 써서 붙이거나 컴퓨터 또는 스마트폰 화면에 잘 보이도록 목표를 창에 띄워 놓는 것도 좋은 방법입니다. 항상 눈에 보여야 자극이 됩니다. 보이지 않으면 마음에서도 멀어지기 쉽습니다. 부자가 되려면 돈을 벌겠다고 굳게 다짐해야 합니다.

목표를 설정하고 마음을 굳혔다면, 이제 돈을 벌기 위해서 어떤 행동을 해야 할지 생각합시다. 직장인은 열심히 일해서 소득을 얻습니다. 하지만 근로소득만으로는 앞에서 말한 것처럼 자본가가 될 수 없습니다.

부동산 경매 성공을 위한 목표 설정

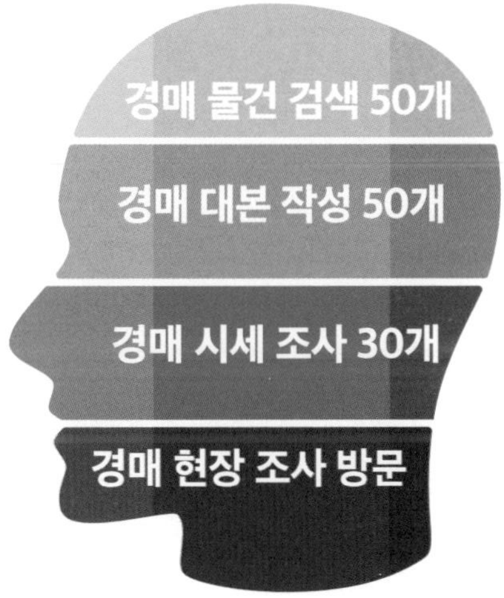

시간이 없다면 만들어라

자본가가 되려면 반드시 내 시간을 더 투자해서 근로소득 이외의 파이프라인을 만들어야 합니다. 출근 전이나 퇴근 후, 점심시간이나 휴식 틈마다 지금껏 낭비했던 시간들을 이제는 잘 활용해야 합니다.

부동산 경매 물건은 실시간으로 쏟아지고 있습니다. 여러분이 쏟는 시간만큼 수익 실현이 가능한 부동산 경매 물품에 가까워질 것입니다. 이 점을 기억합시다. 이 글을 읽고 마인드를 고쳤다면 지금 여러분은 자본가의 길에 한 걸음 가까워졌다는 것을 말입니다.

수익을 원하면 실천해라

부자들은 기회가 왔을 때 놓치지 않고 잡습니다. 부동산 경매 투자로 예를 들어보겠습니다. 경매는 가장 비싸게 **입찰표**를 작성한 1등만 낙찰받을 수 있습니다. 그 한 명만 수익을 얻을 수 있다는 이야기입니다. 하지만 막상 입찰을 해보면 가격을 높게 쓰는 것은 쉬운 일이 아닙니다. 낙찰받고 싶은 욕심에 몇백만 원을 올려 쓰려는 마음과, 이렇게 낙찰가를 올려 쓰면 과연 수익이 가능할까 하는 마음이 항상 충돌하기 때문입니다.

입찰표
입찰자는 경매일에 관할 법원에 기일입찰표를 작성하여 제출한다.

패찰
경매에서 최고가를 적지 않아 낙찰받지 못한 상황을 말한다.

하지만 막상 **패찰**을 돌이켜보면 드는 생각이 있습니다. 한 푼 또

입찰자
해당 경매 물품을 낙찰 받으려는 경쟁자들을 말한다.

는 조금의 돈을 아끼려다 시간과 기회를 놓쳐버렸다는 사실을 말입니다. 스스로 좀 더 냉정하게 생각해야 합니다. 부동산 물건을 꼼꼼하게 조사하고 분석한 뒤에는 실천으로 기회를 잡아야 부자의 길로 갈 수 있습니다.

경매에서 보면 내 생각보다 높은 가격에 낙찰받아 가는 사람들도 볼 수 있습니다. 그 이유는 낙찰받지 못하면 수익도 없기 때문입니다. 오히려 물가 상승 때문에 마이너스 수익률이 됩니다. 부자들은 어떻게 해서든 방법을 찾아 수익을 만들고자 합니다.

경매는 일단 입찰자가 경쟁해야 하는 시스템입니다. 내가 입찰하려는 물건을 조사하는 과정에서 반드시 이 물건에 입찰할 경쟁자 수를 가늠해야 합니다. 나를 포함하여 입찰자 중에 가장 높은 가격을 적는 사람이 낙찰받는 구조이기 때문입니다. 따라서 경매 투자로 수익을 내기 위해서는 남들과 달라야 합니다.

경매 투자로 수익을 내는 방법

부동산 경매 투자에서 겉으로 보기에 까다로운 물건을 보면 넘어가는 사람이 대부분입니다. 수익을 내려면 이들과는 다르게 그 물건을 실제로 조사하고 돈이 되는 물건인지 판단할 수 있어야 합니다.

또한 입찰가도 남들과 다른 포인트를 만들어야 합니다. 현재 시세보다는 낮고 2등보다는 높게 써서 적당한 수익에 만족할 줄 알아야 합니다. 작은 수익이라도 모이면 큰 수익이 됩니다. 낙찰에 쏟는 시간을 낭비하지 않는 것이 먼저입니다. 우리의 경매 투자 목적은 돈을 벌기 위한 것입니다. 이런저런 이유로 낙찰받지 못하면 기회는 모두 날아가버리고 맙니다.

마지막으로 수익이 나는 투자를 최대한 자주 해야 합니다. 5,000만 원을 투자해서 1,000만 원을 벌어도 좋습니다. 작은 단위의 투자금은 투자 횟수를 늘릴 수 있습니다. 이러면 내 자산을 효율적으로 관리하고 원하는 매도 시점에 자산을 정리할 수 있습니다. 투자금을 줄이는 것도 방법입니다. 하나의 물건으로 1억 원의 수익을 실현하는 것보다 10개의 물건으로 각각 1,000만 원 수익을 실현하는 것이 더 쉽습니다. 처음에는 작게 시작해야 부담과 리스크를 덜 수 있습니다.

낙찰 후의 태도

부동산은 단기로 투자해서 수익을 올리는 경우도 많지만 기다려야 하는 경우도 많습니다. 일단 경매로 부동산을 얻었다면 기다릴 줄도 알아야 합니다. 항상 좋은 상황만 있지는 않기 때문입니다. 그렇기 때문에 장기적인 목표도 필요합니다.

우량 물건
현 시세보다 가치가 저평가된 물건을 말한다.

명도
부동산의 소유권을 점유자로부터 되찾는 과정 전반을 말한다.

부동산은 여유가 중요합니다. 우량 물건을 경매로 싸게 사놓았다고 여유 있게 생각하시기 바랍니다. 부동산은 이렇게 장기적으로 투자하는 것이 가능한 이유가 있습니다. 집값이 당장 오르지 않아도 임대 수익으로 버틸 수 있기 때문입니다. 그렇게 가지고 있다가 부동산이 상승하는 시장 때 수익을 실현하면 됩니다.

낙찰 후에 바로 수익을 내는 경우는 흔치 않습니다. 오히려 단기적으로 접근하면 투자금이 많이 묶이고, 스트레스만 늘 수 있습니다.

부동산 경매는 골치가 아프다

부동산 경매는 법률 용어도 나오고 명도도 해야 하기 때문에 처음에 골치 아픈 일이라는 생각이 들 수 있습니다. 하지만 노력 없이 돈만 벌고 싶다는 것은 망상에 불과합니다. 돈은 절대 쉽게 벌 수 없습니다.

부동산 경매에서 발생하는 골치 아픈 일을 즐길 수 있어야 합니다. 실제 낙찰받아서 수익을 몇 번 내보면 중간에 겪는 골치 아픈 일들을 즐기면서 하게 됩니다. 힘들었던 일은 수익을 보는 순간, 추억이 됩니다. 여러 번 입찰을 하다 보면 고생하지 않고 수익을 내는 물건도 종종 찾아옵니다. 그러니 너무 겁먹지는 마시기 바랍니다.

부자들은 항상 투자 마인드를 가지고 생각합니다. 마인드를 바꿔야 기회가 왔을 때 제대로 잡을 수 있습니다. 앞서 설명한 투자 마인드를 확립하는 것이 부동산 경매 투자의 첫 번째 단계입니다. 이 투자 마인드의 목표는 실천에 있습니다.

매년 많은 사람이 부동산 경매에 입문합니다. 하지만 온갖 이유로 결국 낙찰까지 경험해본 사람은 손에 꼽습니다. 실천하지 않으면 수익을 실현할 수 없습니다. 실천하기 전에 불안한 마음을 새로운 마인드로 무장합시다. 이 글을 읽고 마인드가 바뀌었다면 당신은 지금 부자의 길에 또 한 걸음 가까워졌다고 자신 있게 말씀드리겠습니다.

2단계

부동산 경매 투자의 입문

부동산으로
현금 흐름을 만들어라

부동산 경매 투자는 자본가로 향하는 방법 중 하나입니다. 그런데 왜 여러분은 많은 방법 중에 부동산 경매 투자를 해야만 할까요? 부동산 경매 투자로 여러분이 얻을 수 있는 것은 무엇일까요?

현금 흐름을 만드는 힘

부동산 경매 투자는 현금 흐름을 만드는 힘이 있습니다. 안정적이고 지속적인 투자를 위해서는 현금 흐름이 필수입니다. 직장인이 부동산 경매 투자를 할 수 있는 이유도 안정적인 수익이 있기 때문입니다. 그만큼 안정적인 수익은 투자에서 중요한 요소입니다.

제가 초기에 경매로 낙찰받은 물건은 소액으로도 투자 가능한 물건이었습니다. 이 물건을 임대로 세팅하니 투자금 대비 수익률이 엄청났습니다. 내 돈은 1,000만 원도 들어가지 않았는데 50만 원의 월세를 받은 물건도 있었습니다. 이 경우 연 수익률은 은행 이자의 수십 배가 됩니다.

오피스텔 임대 수익률 추이(단위 %)

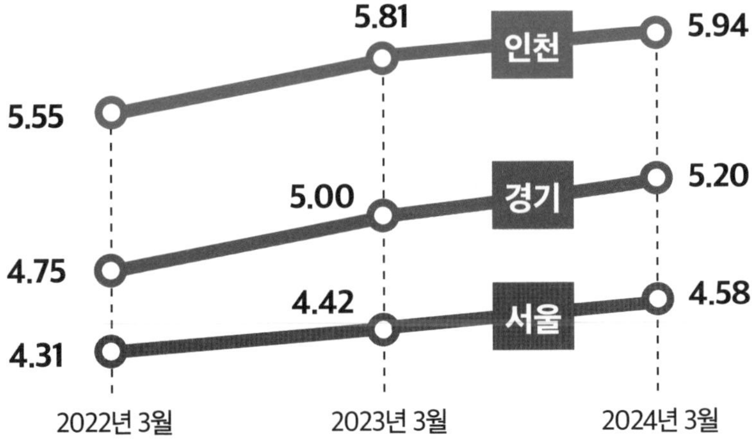

출처 : KB부동산

부동산 투자의 기초 습득

부동산 경매는 부동산 투자의 기초를 만들어줍니다. 경매에 대한 기본 원리를 알면 빌라나 아파트 이외에도 다가구, 오피스텔, 상가 등으로 투자를 쉽게 확장할 수 있습니다. 저도 기본적인 경매 지식을 알고 매달 현금 흐름을 만들고 나서 쉽게 투자의 범위를 넓힐 수 있었습니다.

경매에 대해 전혀 모르는 사람들은 부동산으로 높은 수익과 지속적인 현금 흐름을 만들기 쉽지 않습니다. 딱 본인이 생각하는 거기까지만 가능한 줄로 알고 있기 때문입니다. 주변을 둘러보면 10명 중 9명이 경매 투자를 모릅니다. 일찍 일어나서 새벽에 1시간, 점심에 1시간, 자기 전에 1시간만 경매를 공부해봅시다. 그 시간으로 여러분은 경매 투자를 아는 10명 중 1명이 될 수 있습니다.

부동산 시세 차익을 만드는 힘

부동산 경매 투자는 시세 차익을 만드는 힘이 있습니다. 투자는 장사와 같습니다. 싸게 사서 비싸게 팔아야 수익이 남습니다. 부동산 역시 싸게 사는 게 최고입니다. 가격 상승을 예상하고 매입하는 사람도 있겠지만, 싸게 산다면 시세대로 팔아도 남는 장사입니다. 그럼 어떻게 해야 싸게 살 수 있을까요?

부동산을 시세보다 싸게 살 수 있는 유일한 방법은 급매와 경매입니다. 하지만 급매는 나까지 기회가 올 확률이 매우 낮습니다. 부동산 중개소에서 빠르게 처리되기 때문입니다. 또 급매는 매물 수가 매우 적지만 경매는 매물 수가 엄청 많습니다. 가격의 할인 폭도 급매가 경매를 따라오지 못합니다.

안전 마진
현 시세와 내가 산 가격만큼의 차이를 말한다.

임차인
임대차 계약에서 돈을 내고 물건을 빌려 쓰는 사람을 말한다.

예를 들어 시세가 5억 원인 상가가 있다면 평범한 방식으로는 이 상가를 5억 원에 살 수 있습니다. 하지만 경매에서는 이 상가를 4억 원에도 살 수 있습니다. 어떻게 이런 일이 가능할까요? 경매 투자는 처음 시작하면 복잡하고 위험하고 골치 아프고 귀찮습니다. 그래서 대부분 입찰조차 하지 않고 포기합니다. 따라서 상대적으로 소수의 인원만이 참여하는 시장이기 때문에 경매에서는 부동산을 저렴하게 매입할 수 있습니다.

시세 차익은 간단합니다. 경매로 현재 시세보다 싸게 사면 안전 마진을 확보하게 됩니다. 그럼 바로 팔아도 되고 임대 후 더 큰 시세 상승을 노려도 됩니다. 감정가보다 1억 이상 싸게 낙찰받은 상가가 있습니다. 기존 임차인 대신 새로운 임차인을 들여서 더 높은 월세로 세놓았습니다. 그러면 상가의 가치가 오르고 매매가가 상승합니다. 언제든 더 큰 시세 차익이 가능하게 됩니다.

언제나 투자할 수 있는 상품과 기회는 존재합니다. 낡은 빌라, 아파트 등의 부동산을 저렴한 비용으로 수리 및 인테리어하고 가격을 높여서 파는 것도 하나의 방법입니다. 지금도 부동산 경매 물건은 매일 쏟아지고 있습니다. 여기에서 좋은 물건을 찾는 것은 여러분 몫입니다.

내 돈을 지키는 힘

등기부등본
권리분석을 하기 위해 필요한 필수 자료다. 등기부등본에서 말소기준권리를 찾아야 낙찰자가 인수하는 권리를 알 수 있다.

전입신고
임차인이 대항력을 지니려면 반드시 전입신고를 말소기준권리 전에 해야 한다.

주택임대차보호법
임차인이 보증금을 안전하게 받으려면 반드시 알고 있어야 하는 법이다. 대항력, 우선변제권, 최우선변제권 성립 요건에 따라 임차인이 보장받을 수 있는 액수에 차이가 있다.

부동산 경매 투자는 내 돈을 지켜줍니다. 처음 부동산 계약을 하는 사람은 등기부등본을 볼 줄도 모르는 경우가 많습니다. 대부분 그냥 '부동산에서 알아서 해주겠지'라며 넘어가기 때문입니다. 부동산 경매를 배우면 권리분석을 할 줄 알게 됩니다. 이는 임차인의 권리를 자연스럽게 알게 된다는 의미입니다.

일반인 10명 중에서 9명은 전입신고가 왜 필요한지 제대로 알지 못합니다. 실제로 경매 물건을 검색하다 보면 보증금을 잃는 임차인이 생각보다 많습니다. 적게는 몇천만 원에서 많게는 몇억 원 단위까지 됩니다.

돈을 잃지 않기 위해서는 스스로 판단할 줄 알아야 합니다. 「주택임대차보호법」만 알고 있었다면 임차인은 보증금을 잃지 않았을 것입니다. 「주택임대차보호법」은 대항력, 우선변제권, 최우선변제권 이렇게 세 가지로 구성되어 있습니다. 이 중에 전입신고와 관련된 대항력만 알고 있어도 충분합니다.

「주택임대차보호법」 제1조(목적)

이 법은 주거용 건물의 임대차(賃貸借)에 관하여 「민법」에 대한
특례를 규정함으로써 국민 주거생활의 안정을 보장함을 목적으로 한다.

자본주의에서 부동산 지식은 선택이 아닌 필수입니다. 특히 부자로 가는 길에서 부동산을 제외한 길은 없습니다. 그중 부동산 경매는 부동산을 배우는 지름길과 같습니다. 여러분이 부자가 되길 원한다면 부동산 경매라는 값진 도구를 하루빨리 익히고 실천해야 합니다.

대항력
임차인이 말소기준권리 전에 계약, 인도, 전입신고를 마치면 얻는 권리다.

우선변제권
임차인이 말소기준권리 전에 계약, 인도, 전입신고, 확정일자를 받으면 얻는 권리다. 이 권리가 있으면 경매의 배당에 참여할 수 있다.

최우선변제권
대항력을 가진 소액임차인이 최우선으로 변제받을 수 있는 권리를 말한다. 최우선변제액의 기준은 자신이 거주하고 있는 지역에 따라 다르다.

부동산 경매

네 가지를 준비해라

부동산 경매 투자를 하려면 반드시 준비해야 하는 것이 있습니다. 네 가지 준비물을 갖춰야 현명한 투자가 가능합니다. 이 네 가지 중에서 하나라도 빠지면 제대로 된 투자를 하기 어렵습니다. 따라서 부족한 것이 있다면 이제부터라도 준비해야 합니다.

부동산 경매 투자금

첫 번째 준비물은 부동산 경매 투자금입니다. 기본적으로 돈이 있어야 경매 투자를 시작할 수 있습니다. 입찰하려면 최소한 입찰보증금은 내야 하기 때문입니다. 그리고 이때문에 부동산 투자는 최소

억 단위의 돈이 있어야 한다는 오해를 받습니다.

하지만 부동산 경매 투자는 물건만 잘 고르면 몇백만 원 혹은 몇천만 원으로도 충분히 낙찰받고 수익을 낼 수 있는 시장입니다. 투자금이 적으면 적은 대로, 많으면 많은 대로 그에 맞는 물건을 입찰하면 되는 것입니다. 최소한의 투자금만 있다면 언제든 부동산 경매 투자를 시작할 수 있습니다.

입찰보증금
첫 경매 때 입찰보증금 액수는 감정가의 10%다. 유찰, 재매각 등 경매 사건에 따라 변할 수 있으니 반드시 입찰 전 확인해야 한다.

포트폴리오
수익률을 기준으로 최대한 구체적인 포트폴리오를 작성해야 한다. 리스크를 낮추고 지속할 수 있는 투자 방향으로 설정하는 것이 중요하다.

부동산 경매 투자 포트폴리오

두 번째 준비물은 부동산 경매 투자 포트폴리오입니다. 투자금을 한 번에 몰아서 투자하면 안 됩니다. 왜냐하면 경매 투자는 지속하는 것이 중요하기 때문입니다. 적절하게 투자금을 투입하고 리스크에 대비해야 합니다. 부동산 시장은 반드시 하락도 찾아오기 마련입니다. 이 시기를 기회로 바꾸려면 분산 투자가 필수입니다.

투자금이 10억 원이라면 10억 원을 1억 원씩 나눠서 투자하는 것이 바람직합니다. 이렇게 나눈 1억 원으로 대출이나 전세금 레버리지를 이용할 수 있습니다. 적절한 가격의 부동산을 낙찰받고 최소 1억 정도는 비상금으로 가지고 있어야 시장의 흐름을 읽고 지속적인 투자를 할 수 있습니다.

무피 투자
수중에 현금 없이 대출 또는 투자금으로 투자하는 방법을 말한다.

투자의 제1원칙은 언제나 잃지 않고 지키는 투자입니다. 반드시 리스크 관리를 해야 합니다. 그게 금액을 쪼개서 여러 부동산에 투자를 권하는 이유입니다. 이런 포트폴리오는 변동에 맞춰서 운용하기가 쉽습니다. 비상금을 남겨두면 문제가 생겨도 최악의 경우는 막을 수 있습니다.

경매 투자는 오랫동안 지속할 수 있어야 합니다. 한 번의 경매 투자로 인생 역전을 꿈꾸는 것은 투자가 아니고 도박입니다. 대출도 무리하게 받는다면 일상생활에 영향을 주어 안정적인 투자가 힘들어집니다. 투자금의 액수는 중요하지 않습니다. 지닌 돈을 어떻게 활용하고 어디에 투자할지가 더 중요합니다. 투자금이 매우 적다면 소액 투자나 무피No fee투자로 시작할 수도 있습니다. 이후 투자금 규모가 어느 정도 늘었을 때 적절하게 배분하여 균형 있는 포트폴리오를 완성하시면 됩니다.

부동산 경매 지식

세 번째 준비물은 부동산 경매 지식입니다. 부동산 경매에 대한 기본적인 지식이 있어야 부동산 경매 투자를 시작할 수 있습니다. 부동산을 일반 매매로 사고팔아도 등기부등본 정도는 볼 줄 알아야 합니다. 부동산은 시세를 파악하고 흐름을 예측해야 수익 실현이 가능합니다. 그리고 부동산 경매는 일반 매매보다 기본 지식이 더 많이 필요합니다.

미납관리비
경매로 낙찰받는 경우 미납관리비는 낙찰자가 인수해야 하는 비용이다. 반드시 낙찰 전에 확인이 필요하다.

부동산 경매는 경매라는 특수성 때문에 경매 진행 과정, 권리분석, 입찰, 명도 등 입찰하기 위해 알아야 하는 지식과 낙찰 후에 알아야 하는 지식이 있습니다. 이런 내용을 경매 투자 전에 어느 정도 자기 것으로 만들어야 합니다. 그래야 실전에서 실수하지 않을 수 있습니다. 지식이 부족한 상태에서 경매 투자를 실전으로 배우는 것은 몹시 위험한 행위입니다.

위반 건축물
사례로는 하나의 세대를 쪼개서 짓기, 옥상에 옥탑방 짓기, 주차장 용도 변경 등이 있다.

또한 효율적인 투자를 위해서도 경매 지식은 반드시 필요합니다. 예를 들어 경매로 나온 물건의 미납관리비는 온라인이나 전화를 통해서도 충분히 알 수 있습니다. 하지만 지식이 없는 사람은 현장까지 찾아가서 별 소득 없이 하루 종일 아까운 시간을 낭비하기도 합니다.

다른 예로 위반 건축물이라 표시되어 있는 경우가 있습니다. 이때는 구청에 전화해서 확인하면 됩니다. 그런데 지식이 없으면 굳이 찾아가서 하루를 소비할 수 있습니다. 이처럼 여러 시행착오를 줄이고 시간을 효율적으로 활용하려면 경매 관련 지식이 반드시 필요합니다.

부동산 경매 투자를 하지 않는다고 해도 경매 지식은 배울 필요가 있습니다. 예를 들어 경매 지식으로 반드시 알아야 하는 「주택임대차보호법」은 임차인의 권리를 알려줍니다. 모든 지식을 알고 시작할 수는 없겠지만 투자에 필요한 기본 지식은 알고 시작해야 위험하지 않습니다.

부동산 경매 경험

네 번째 준비물은 부동산 경매 경험입니다. 앞서 기본적인 지식이 필요하다고 했지만, 경험은 더 중요합니다. 경험해야 부동산 경매가 진짜 무엇인지 알게 됩니다. 그래야 실제 투자를 지속할 수 있는 실행력이 생깁니다.

부동산 경매 공부를 그렇게 열심히 해도 실제로 입찰은 하지 않는 분도 많습니다. 그 이유를 '아직 공부가 부족해서', '완벽하게 알지 못해서'라고 말합니다. 하지만 이분들과 이야기를 해보면 이론은 웬만한 강사 못지않은 경우가 많습니다.

이처럼 지식을 익혀도 머릿속에만 넣어두는 사람이 많습니다. 하지만 실천하지 않으면 지식은 정말 버려집니다. 실제로 경매 투자를 해보면 입찰까지의 과정은 어렵지 않습니다. 직접 해봐야 어디서 막히고 어떻게 해결하는지를 알게 됩니다.

낙찰 후에도 대출을 직접 알아보고 어떻게 받아야 좋은 조건인지 경험해야 합니다. 명도를 어떻게 진행해야 하는지도 경험해야 판단이 서게 됩니다. 이런 경험을 최소 한 번이라도 제대로 하는 것이 중요합니다. 그 경험을 한 이후부터 부동산 경매의 과정이 순서대로 머릿속에 떠오르기 때문입니다.

경험이 있어야 물건 검색, 권리분석, 시세 조사, 현장 조사와 입찰도 더 자연스럽게 진행할 수 있습니다. 이전에 했던 실수가 줄고, 더 좋은 조건으로 투자할 수 있습니다. 경락잔금대출이 그렇고 명도 역시 경험이 있어야 제대로 된 협상을 할 수 있습니다.

물건 검색
경매 사이트에서 수익 창출이 가능한 경매 물건을 검색한다. 물건 검색 때는 경매 물건의 20가지 사항을 1분 안에 암기하도록 연습해야 한다.

현장 조사
입찰가를 정하기 위해 해당 경매 물건 동네를 직접 발로 조사하는 단계다. 현장 조사 전에 체크리스트를 작성해야 필요한 정보를 전부 얻을 수 있다.

경락잔금대출
낙찰받은 이후 은행에서 경매 물건을 담보로 대출받는 시스템을 말한다. 대출 조건은 모든 은행마다 제각각이다.

이처럼 경험이 쌓이면 자신만의 투자 기준과 방법이 생깁니다. 간접 경험도 가능하지만 직접 해보는 것과는 하늘과 땅 차이입니다. 몇백만 원이라도 투자해서 꼭 낙찰을 받아보시기 바랍니다. 처음은 내 인생에 큰 리스크가 없을 정도의 금액으로 도전하면 됩니다. 가장 중요한 것은 꼭 낙찰까지 실천하는 것입니다.

개인마다 투자금, 포트폴리오, 지식, 경험은 모두 다릅니다. 본인 성향에 맞게 부동산 경매 투자 방식을 찾아가시면 됩니다. 스스로에게 물어봅시다. 내 투자금은 얼마인지, 내가 계획한 포트폴리오의 방향은 어떤지, 내 부동산 지식은 어느 정도인지, 얼마나 다양한 부동산 경매 경험을 내가 해보았는지 말입니다. 자신을 좀 더 객관적으로 들여다보고 자신의 포지션을 판단해서 부동산 경매 투자를 위한 준비를 시작하시기 바랍니다.

부동산 경매 투자 필수 준비물 4가지

경매 진행 절차를 알아라

부동산 경매에서 해당 부동산의 **채무자**는 부동산을 담보로 돈을 빌린 사람, 즉 집주인을 말합니다. 그리고 **채권자**는 돈을 빌려준 사람, 즉 은행입니다. 돈을 빌린 사람은 돈을 빌려준 사람에게 돈을 갚는 것이 정상입니다.

채무자
채권자에게 빚을 지고 있는 사람이다. 부동산 경매에서는 보통 집을 넘기게 된 집주인을 말한다.

채권자
채무자에게 받을 돈이 있는 사람이다. 부동산 경매에서는 보통 은행이 많다.

하지만 채무자가 약속한 기간에 원금 또는 이자를 갚지 못할 수도 있습니다. 이런 상황이면 당연히 돈을 빌려준 사람은 돈을 받으려고 노력합니다. 채권자가 돈을 회수하기 위해 담보로 잡은 채무자의 부동산을 파는 것이 그런 노력입니다. 그러나 대출이 있는 부동산은 일반 매매로는 팔기 어렵습니다. 그래서 은행이 이 집을 팔아달라고 법원에 요청하여 진행되는 것이 부동산 경매의 매각 절차입니다.

대리인
경매 입찰표는 본인 대신 대리인을 보낼 수도 있다. 대리인이 갈 경우 위임장 작성, 명의자 본인 인감증명, 명의자 본인 인감도장 등이 추가로 필요하다.

부동산 경매 투자자라면 부동산 경매가 무엇이고 어떻게 진행되는지 전체적인 흐름을 알아야 올바른 투자를 할 수 있습니다.

부동산 경매 신청 접수

채권자가 해당 부동산을 관할 법원에 정해진 법적 절차로 경매 신청을 접수하면 부동산 경매가 시작됩니다. 서울에는 중앙, 동부, 서부, 남부, 북부 이렇게 5개의 지방법원이 부동산 경매를 관할하고 있습니다. 도와 광역시에는 한 개에서 두 개의 관할 법원이 구역을 나눠 업무를 담당합니다. 경매로 부동산이 나오면 이 지정된 구역을 담당하는 법원이 경매 물건을 총괄 및 담당합니다.

투자자가 경매에 입찰하기 위해서는 당연히 해당 경매를 총괄하는 법원으로 직접 가거나 **대리인**을 보내야 합니다. 초보자의 경우 다른 법원으로 가는 실수를 범하는 경우가 종종 있습니다. 내가 입찰하려는 물건의 법원 주소와 위치를 꼭 확인하고 출발하시기 바랍니다.

감정평가

부동산 경매 신청서가 접수되면 관할 법원에서는 경매 신청이 적법한 절차에 의해 진행되었는지 확인하는 과정을 거칩니다. 그리고 문제가 없다면 해당 부동산에 경매 기입, 등기, 부동산 압류, 확인을 마친 후 **감정평가**를 진행합니다.

감정평가란 해당 부동산이 현재 어느 정도의 가치인지 객관적인 지표로 평가하는 것입니다. 보통 이렇게 정해진 감정평가 금액은 기간의 간격이 발생해서 현재 시세와 차이가 있을 수밖에 없습니다. 그렇기 때문에 투자자는 정확하게 시세 조사를 해야 합니다.

감정평가
감정평가에 나오는 감정가는 참고만 하는 것이 좋다. 감정평가사의 스타일에 따라 감정가가 정해지기 때문이다. 감정가를 매긴 시점과 경매 시점이 다른 경우도 많기 때문에 반드시 입찰자는 따로 시세 조사를 해야 한다.

이해관계인
채무자, 채권자, 임차인 등 해당 경매 사건과 연관된 사람들을 말한다.

배당 요구 신청
대항력 있는 임차인인 경우 우선변제권과 최우선변제권이 있다면 배당종기일 전에 배당을 신청해야 한다.

배당신청

법원은 감정평가 과정에서 해당 부동산에 관련된 채권자, 임차인, 금융기관 및 관공서 등의 각종 **이해관계인**에게 **배당 요구 신청**을 하도록 알려줍니다. 또 이를 위해서 필요한 관련 서류 제출을 통보합니다.

임대차 계약서
임대차 계약은 국가법령정보센터에 있는 '표준임대차계약서'로 작성하는 것이 좋다.

임차보증금
경매에서 임차보증금을 받기 위해서는 자신이 배당에 참여할 수 있는지, 말소기준권리보다 먼저 '계약, 인도, 전입신고' 절차를 했는지 확인해야 한다.

예를 들어 임차인이라면 **임대차 계약서**를 첨부하여 정해진 기일까지 배당을 신청해야만 **임차보증금**을 배당받을 수 있습니다. 물론 배당 순위에 따라서 보증금을 모두 돌려받지 못할 수도 있습니다. 하지만 일부라도 배당받길 원한다면 반드시 정해진 날짜까지 배당 신청을 해야 합니다.

투자자는 배당 신청을 보고 임차인이 배당을 받으려 하는지 아니면 낙찰자에게 돈을 받으려 하는지 판단할 수 있습니다. 이것은 하나의 중요한 투자 포인트입니다.

채권자와 이해관계인이 관련된 절차

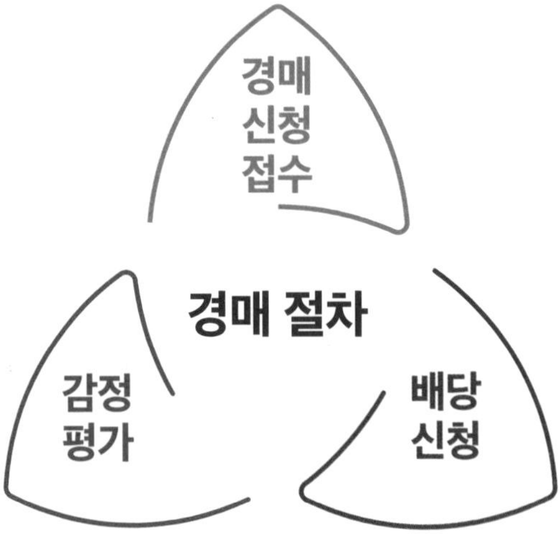

입찰일 확정

최고가 매수 신고인
경매에서 입찰가를 가장 높게 적은 입찰자를 말한다. 최고가 매수 신고인이 되면 경매 관련 서류를 열람할 수 있다.

배당 신청까지의 절차가 모두 마무리되면 이제 입찰일이 정해집니다. 처음 경매 사건이 접수되고 나서 실제 입찰일까지는 빠르면 6개월에서 느리면 1년 이상의 기간이 소요되기도 합니다. 따라서 감정가와 현재 시세의 차이가 발생합니다.

입찰일 확정 전까지는 채권자와 이해관계인이 관련된 법적 절차입니다. 입찰일이 확정된 이후부터는 입찰자인 투자자와 관련된 절차가 진행됩니다. 그럼 투자자는 확정된 입찰일을 확인하고 그날 입찰하러 법원에 가는 것입니다. 반드시 투자자는 먼저 해당 날짜에 본인이 법원에 방문 가능한지 확인하고 물건 조사를 시작해야 합니다. 그렇지 않으면 물건 조사만 하고 입찰일에 법원에 가지 못하는 상황이 발생할 수도 있습니다.

최고가 매수 신고인 결정

해당 경매의 입찰에 참여한 사람들 중에서 가장 높은 가격을 적어낸 사람이 낙찰자가 됩니다. 바로 **최고가 매수 신고인**입니다. 경매 지식 수준에 상관없이 무조건 가장 높은 가격을 적으면 부동산을 낙찰받을 수 있는 것입니다. 하지만 잊으면 안 되는 것이 하나 있습니다.

최고가 매수인
매각 허가 결정으로 '최고가 매수 신고인'에서 '최고가 매수인'이 된다. 이제 해당 경매 물건의 진정한 이해관계인이 되었다고 볼 수 있다.

바로 부동산 경매 투자는 낙찰받는 것이 아니라 수익을 내는 것이 목적이라는 사실입니다. 이것을 명심하셔야 합니다.

매각 허가 결정

부동산을 낙찰받은 날로부터 7일 후에는 매각 허가 결정이 내려집니다. 이는 지금까지 매각 절차가 적법하게 진행되었음을 관할 법원이 확인하고 평가에서 최종적으로 이상 없음을 선고하는 것입니다. 특별한 하자가 없다면 매각 허가 결정은 어렵지 않게 떨어집니다. 매각 허가 결정이 난 후에는 낙찰자의 지위가 '최고가 매수 신고인'에서 '최고가 매수인'으로 올라갑니다. 최고가 매수인이 되면 이해관계인과 관련된 정보를 더 많이 얻을 수 있습니다. 또 이들에게 낙찰자의 권리를 행사할 수도 있게 됩니다.

매각 허가 결정에 대한 확정

매각 허가 결정 이후 또다시 7일이 지나면 매각 허가 결정에 대한 확정 판결이 내려집니다. 이 7일은 해당 부동산과 관련된 이해관계인이 경매 사건의 매각 절차에 대해 이의를 제기할 수 있는 마지막 기간입니다. 혹시 문제가 없는지 한 번 더 기간을 준다고 보시면 됩니다.

확정 판결이 나면 매각 절차가 순차적으로 이어집니다. 이 기간에 매수인은 잔금 납부를 위한 경락잔금대출을 최대한 많이 알아봐야 합니다. 경매 물건 점유자에 대한 명도 협상도 시작하는 것이 좋습니다. 매수인은 시간을 효율적으로 사용해야 하는 기간입니다.

잔금납부
낙찰자는 잔금 납부 때 대출 및 투자금을 계산하여 수익률을 확인해야 한다.

점유자
전 소유자, 대항력 없는 임차인, 대항력 있는 임차인 등이 있다.

소유권 이전 등기
소유권 이전 등기는 대금완납증명원, 취득세 및 등록면허세 납부, 국민주택채권 매입 또는 할인 매도 등 다소 복잡한 절차가 필요하다. 보통은 법무사가 대행하고 있다.

잔금 납부

매각 허가 결정에 대한 확정 판결이 내려지면 이제 잔금 납부 기간이 정해집니다. 언제까지 잔금을 납부하라는 최종 날짜가 잡히는 것입니다. 잔금은 보통 부동산을 낙찰받은 날로부터 4주~6주 사이에 납부해야 합니다. 이 잔금을 미납해서 입찰보증금을 날리는 경우도 종종 있습니다. 투자자라면 이런 일이 발생하지 않도록 잔금 계획을 명확하게 미리 세워놓아야 합니다.

명도

해당 부동산의 잔금을 납부하는 동시에 소유권 이전 등기도 하게 됩니다. 부동산값을 치렀으니 내 물건이라는 문서를 가져야 하는 것

강제집행
점유자와 원만한 합의가 되지 않는 경우, 법적 강제집행 절차로 명도할 수 있다. 이때 비용은 전용면적당 10만~15만 원으로 생각하면 된다.

입니다. 그러면 부동산은 이제 온전히 낙찰자 소유 부동산이 됩니다. 이제 주인으로서 이 부동산을 점유하고 있던 사람을 원만한 협의 또는 **강제집행** 절차에 따라 내보내는 것을 명도라고 합니다.

명도를 잘하면 큰 스트레스 없이, 적은 비용으로, 짧은 기간 안에 점유자가 집을 비워줍니다. 명도 과정에서 점유자와의 마찰로 수개월 이상의 시간을 보낸다면, 수익률이 떨어지게 되므로 협상과 판단을 잘해야 합니다.

입찰자(투자자)**와 관련된 절차**

부동산 경매 진행 절차

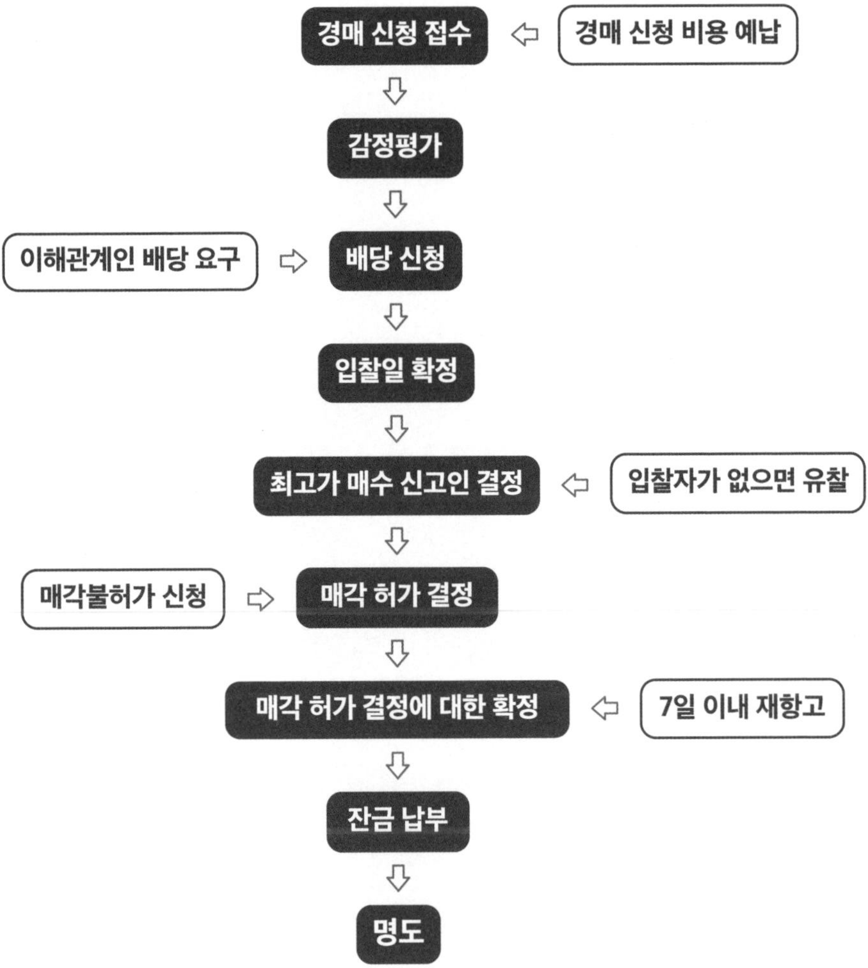
경매 신청 접수
경매 신청 비용 예납
감정평가
이해관계인 배당 요구
배당 신청
입찰일 확정
최고가 매수 신고인 결정
입찰자가 없으면 유찰
매각불허가 신청
매각 허가 결정
매각 허가 결정에 대한 확정
7일 이내 재항고
잔금 납부
명도

3단계

부동산 경매 투자의 시작

유료 경매 사이트를 이용해라

부동산 경매 투자를 하기 위해서는 여러 가지 무기가 필요합니다. 그중 하나가 바로 유료 경매 사이트입니다. 부동산 경매 정보를 제공해주는 사이트는 무료 사이트도 있고 유료 사이트도 있습니다. 그래서 부동산 경매를 처음 시작하는 사람은 유료 경매 사이트를 이용해야 하는지 고민할 수 있습니다. 하지만 경매 투자로 돈을 벌기로 결심했다면 무조건 유료 경매 사이트를 이용하시기 바랍니다.

유료 사이트는 비용을 지불하더라도 그 이상의 효과를 충분히 거둘 수 있습니다. 왜냐하면 경매 투자의 시작은 물건 검색이기 때문입니다.

매일 쏟아지는 경매 물건 중에서 수익이 날 수 있는 것을 고르려면 매번 수십 개, 수백 개의 물건을 검토해야 합니다. 경매 투자자에게 물건 검색은 끊임없이 반복해야 하는 활동입니다. 이 과정을 간소화하는 도구가 바로 유료 경매 사이트입니다.

전입세대확인서
해당 물건의 세대주, 동거인 성명, 전입신고 일자 등을 확인하기 위한 서류다.

왜 유료 사이트일까?

간단한 물건 검색

경매 물건 검색은 간단하지 않습니다. 해당 물건의 등기부등본, 건축물대장, 현황조사서, 매각물건명세서 등의 자료를 확인해야 합니다. 이런 서류를 따로 열람하려면 비용을 지불해야 합니다. 한 번 볼 때 1,000원이면 100번에 10만 원입니다. 그 이상의 물건을 검색해야 할 수도 있는데, 만만치 않은 비용입니다.

또 유료 사이트가 아니라면 권리분석을 직접 해야 합니다. 점유자 확인, **전입세대확인서** 열람도 필요합니다. 이렇게 물건 검색만 하더라도 번거로운 절차가 많이 있습니다. 투자하기 전에 벌써 비용과 시간 둘 다 소모됩니다. 대법원 같은 무료 경매 사이트가 자동차를 타고 가는 것이라면, 유료 경매 사이트는 비행기를 타고 목적지로 향한다고 생각하시면 되겠습니다. 비용이 조금 들어가지만 그만큼 빠르고 효율적으로 갈 수 있습니다.

물건 입지 분석

부동산 경매 투자자는 경매 물건의 입지 분석도 해야 합니다. 유료 사이트는 해당 물건 관련 정보가 사이트에서 바로 연결되도록 정리되어 있습니다. 그만큼 시간을 절약할 수 있습니다. 다시 한번 말하지만 경매 투자자는 시간을 효율적으로 활용해야 합니다.

또한 무료 경매 사이트는 정보의 제공 기간이 한정되어 있습니다. 내가 관심 있는 물건을 몇 년 뒤에 검색해도 정보를 볼 수 있어야 투자에 활용할 수 있습니다. 유료 경매 사이트는 과거 기록도 제공하고 있습니다. 부동산 경매 투자는 한 번 하고 끝이 아니라 지속해야 의미가 있습니다. 그러려면 경매 물건의 과거와 현재를 비교하고 분석, 판단해야 합니다. 무료 사이트에서 제공하는 정보만으로는 이런 활용을 하기는 힘듭니다.

유료 경매 사이트 살펴보기

유료 경매 사이트 중 하나인 스피드옥션을 살펴보겠습니다. 먼저 회원가입을 한 뒤, 로그인합니다.

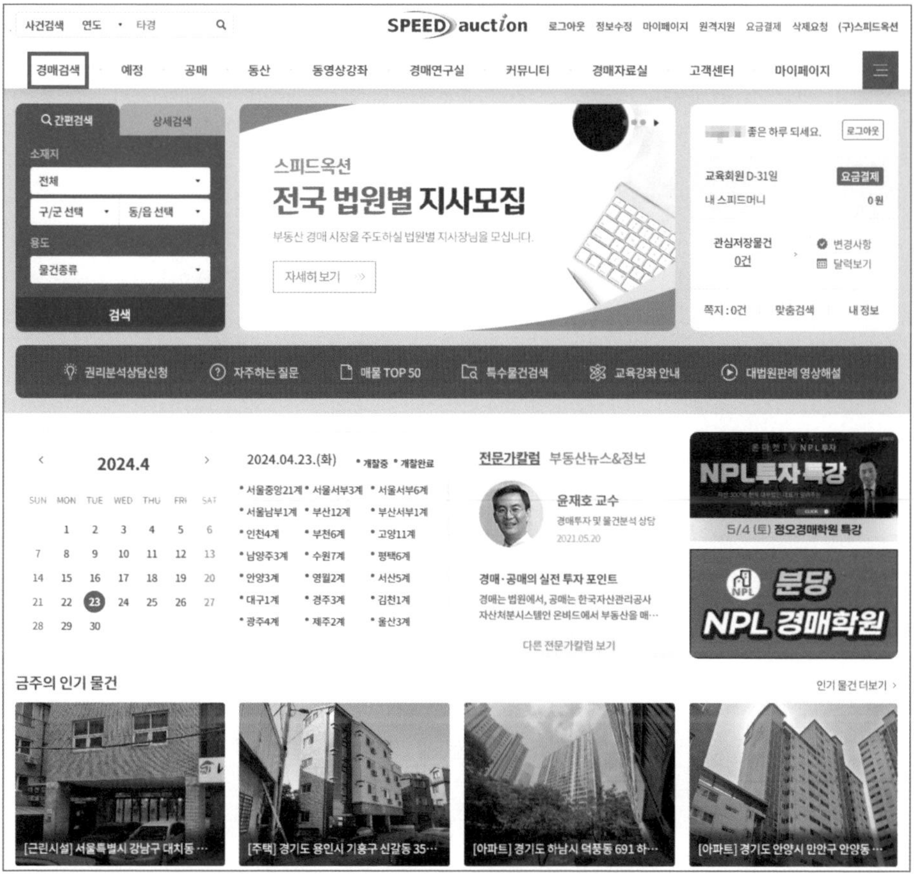

출처 : 스피드옥션

물건 검색은 홈페이지 왼쪽 상단에 있는 '경매검색'에서 하면 됩니다. 그럼 구체적으로 어떻게 물건을 검색하는지 알아보겠습니다.

종합검색

출처 : 스피드옥션

제일 먼저 '종합검색'이 나옵니다. 여기는 경매 물건 전반을 검색하는 메뉴입니다. 물건 검색 때 가장 많이 활용하는 메뉴이기도 합니다.

관심지역 검색

출처 : 스피드옥션

'종합검색' 아래에 있는 '관심지역 검색'을 클릭하여 10개 지역을 설정할 수 있습니다. 일단 '지역1'에는 내가 현재 살고 있는 동네를 동 또는 구까지 설정하면 됩니다.

그리고 '지역2', '지역3'에는 내가 살았던 동네나 직장 근처의 동네를 하나씩 추가하면 됩니다. 이렇게 세팅하면 나중에 검색 버튼 한 번으로 나의 관심 지역에 어떤 경매 물건이 나왔는지 손쉽게 확인할 수 있습니다.

하단의 '행정'의 설정도 다르지 않습니다. 추가할 지역이 늘어나면 그때그때 활용하면 됩니다.

역세권 검색

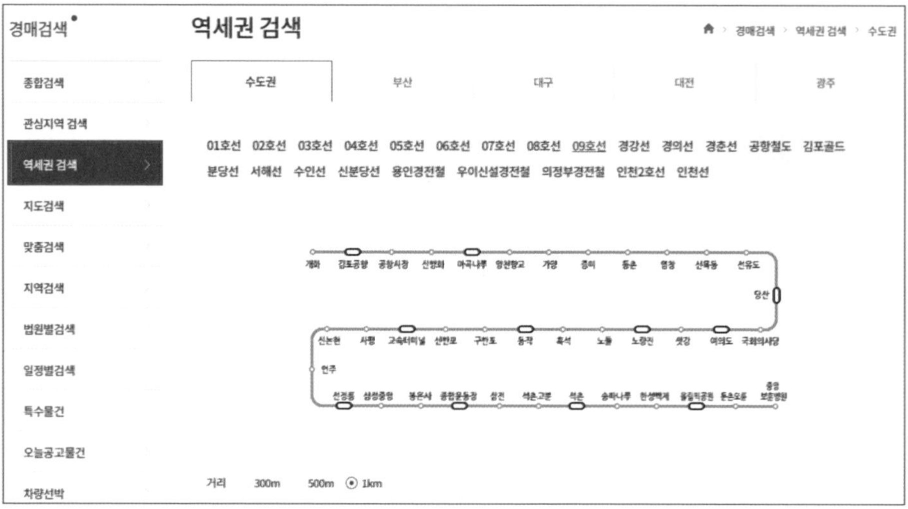

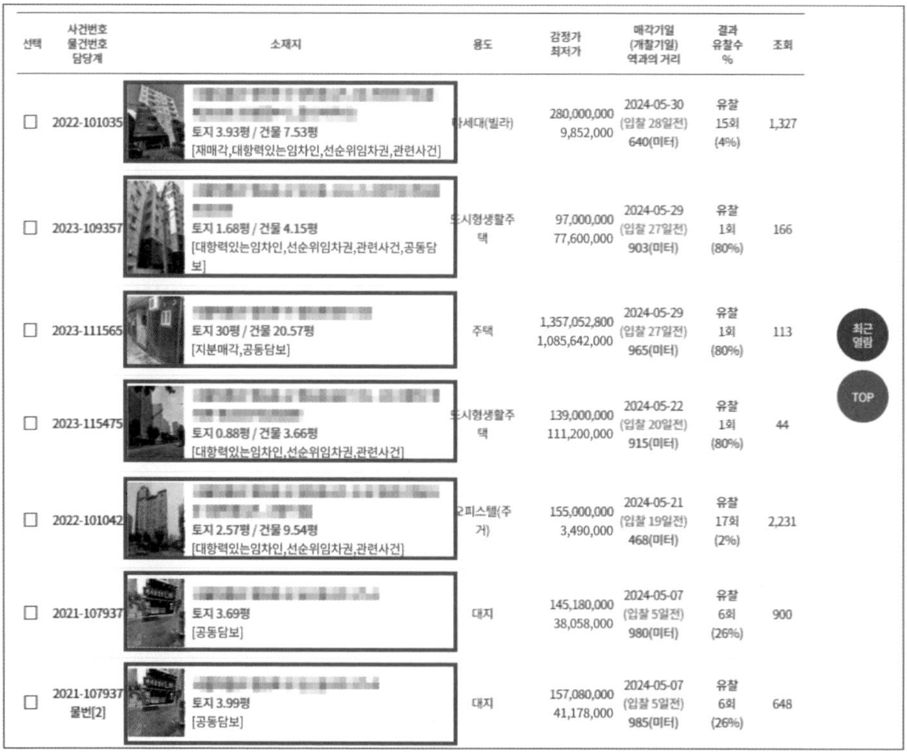

선택	사건번호 물건번호 담당계	소재지	용도	감정가 최저가	매각기일 (개찰기일) 역과의 거리	결과 유찰수 %	조회
☐	2022-101035	토지 3.93평 / 건물 7.53평 [재매각,대항력있는임차인,선순위임차권,관련사건]	다세대(빌라)	280,000,000 9,852,000	2024-05-30 (입찰 28일전) 640(미터)	유찰 15회 (4%)	1,327
☐	2023-109357	토지 1.68평 / 건물 4.15평 [대항력있는임차인,선순위임차권,관련사건,공동담보]	도시형생활주택	97,000,000 77,600,000	2024-05-29 (입찰 27일전) 903(미터)	유찰 1회 (80%)	166
☐	2023-111565	토지 30평 / 건물 20.57평 [지분매각,공동담보]	주택	1,357,052,800 1,085,642,000	2024-05-29 (입찰 27일전) 965(미터)	유찰 1회 (80%)	113
☐	2023-115475	토지 0.88평 / 건물 3.66평 [대항력있는임차인,선순위임차권,관련사건]	도시형생활주택	139,000,000 111,200,000	2024-05-22 (입찰 20일전) 915(미터)	유찰 1회 (80%)	44
☐	2022-101042	토지 2.57평 / 건물 9.54평 [대항력있는임차인,선순위임차권,관련사건]	오피스텔(주거)	155,000,000 3,490,000	2024-05-21 (입찰 19일전) 468(미터)	유찰 17회 (2%)	2,231
☐	2021-107937	토지 3.69평 [공동담보]	대지	145,180,000 38,058,000	2024-05-07 (입찰 5일전) 980(미터)	유찰 6회 (26%)	900
☐	2021-107937 물번[2]	토지 3.99평 [공동담보]	대지	157,080,000 41,178,000	2024-05-07 (입찰 5일전) 985(미터)	유찰 6회 (26%)	648

출처 : 스피드옥션

‘역세권 검색’을 누르면 수도권, 부산, 대구, 대전, 광주로 구분되어 나옵니다. 예를 들어 수도권을 클릭하면 여러 지하철이 나옵니다. 9호선을 클릭하면 노선이 화면에 나타납니다. 당산역을 클릭하고 거리를 1km로 설정하면 경매 예정인 물건 리스트가 보입니다. 역과의 거리도 m 단위로 나온 것을 확인할 수 있습니다.

지도검색

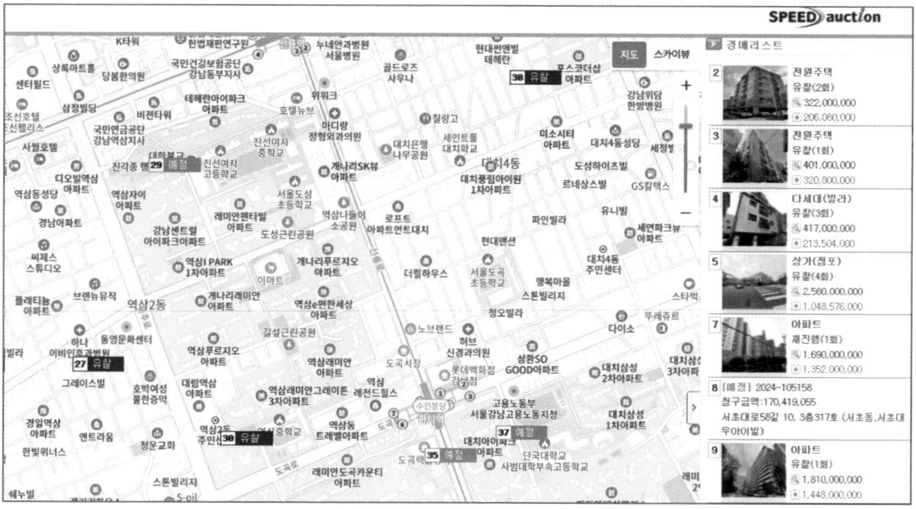

출처 : 스피드옥션

‘역세권 검색’ 아래에 있는 ‘지도검색’을 클릭하면 새로운 창이 뜹니다. 지도상에서 현재 나와 있는 경매 물건을 눈으로 빠르게 확인할 수 있습니다. 그리고 마우스 중간의 휠을 움직이면 지도가 확대 및 축소됩니다. 내가 투자할 경계 범위가 있는 사람은 이 기능을 활용하면 유용하게 경매 물건을 찾을 수 있습니다. 물건의 위치가 지도상에 시각적으로 들어오기 때문에 편리합니다.

맞춤검색

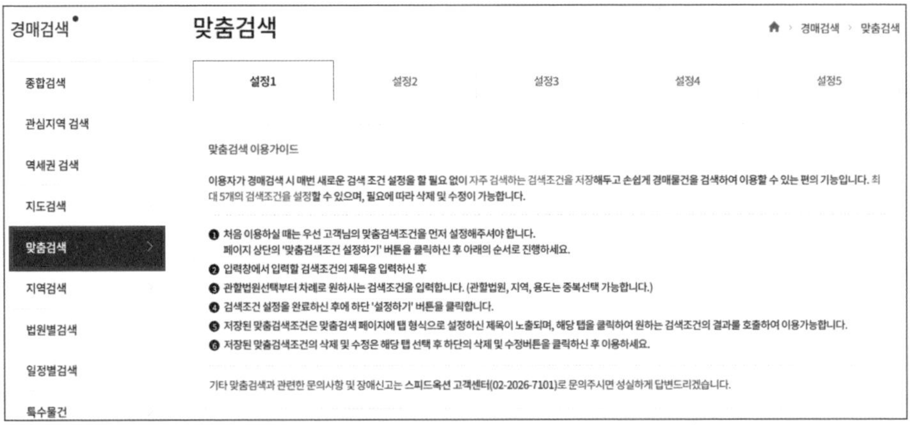

출처 : 스피드옥션

'맞춤검색'은 자주 검색하는 검색 조건을 저장해놓는 기능입니다. '맞춤검색 이용가이드'에 맞게 활용하면 시간을 효율적으로 사용할 수 있습니다.

지역검색

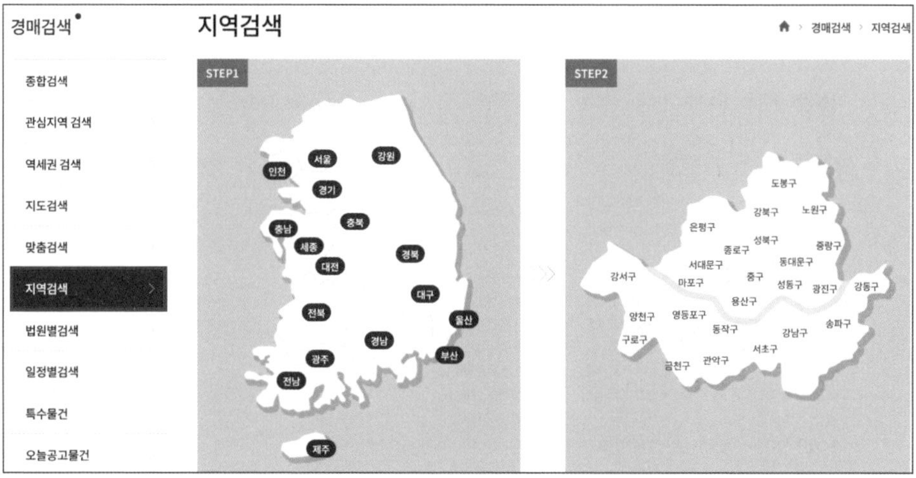

출처 : 스피드옥션

'지역검색'은 지도의 행정 구역별 경매 물건이 나와있습니다. 클릭 한 번으로 해당 구역의 경매를 바로 검색할 수 있습니다.

법원별검색

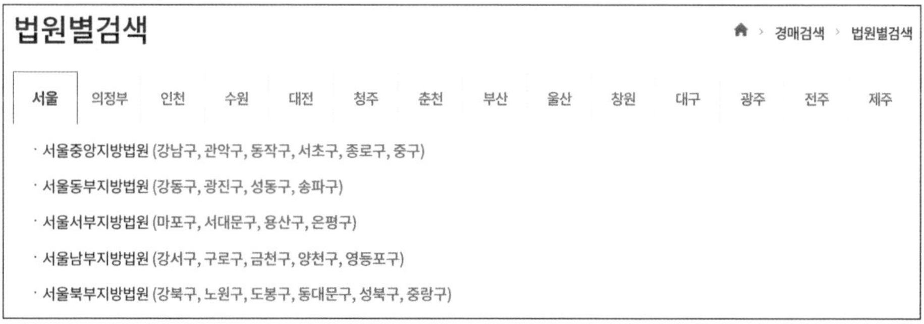

출처 : 스피드옥션

'법원별검색'은 각 법원에서 담당하는 경매 물건을 보여줍니다.

일정별검색

일정별검색

⌂ > 경매검색 > 일정별검색

전국 수도권 충청권 강원권 경남권 경북권 호남권 제주권

< 2024년 4월 > 전체법원

■ 기일입찰 ■ 예정기일 ■ 매각결과

일	월	화	수	목	금	토
	1	2	3	4	5	6
	■ 서울동부 4계 ■ 부산동부 4계 ■ 인천 26계 ■ 수원 8계 ■ 성남 1계 ■ 성남 6계 ■ 평택 3계 ■ 춘천 4계 ■ 강릉 2계 ■ 원주 1계 ■ 충주 1계 ■ 제천 2계 ■ 천안 4계(10:00/14:00) ■ 논산 3계 ■ 포항 4계 ■ 밀양 1계 ■ 밀양 3계 ■ 통영 5계 ■ 통영 6계 ■ 전주 5계 ■ 군산 3계 ■ 정읍 1계 ■ 정읍 3계 ■ 순천 14계 ■ 순천 17계 ■ 순천 4계	■ 서울남부 8계 ■ 서울북부 3계 ■ 서울북부 4계 ■ 부산 1계 ■ 부산서부 3계 ■ 인천 23계 ■ 부천 2계 ■ 의정부 6계 ■ 고양 3계 ■ 수원 10계 ■ 안산 5계 ■ 영동 2계 ■ 대전 6계 ■ 천안 7계(10:00/14:00) ■ 서산 6계(10:00/12:00) ■ 홍성 4계 ■ 창원 7계 ■ 제주 4계 ■ 제주 6계	■ 부산 11계 ■ 인천 12계 ■ 의정부 9계 ■ 고양 4계 ■ 수원 15계 ■ 청주 3계 ■ 광주 1계	■ 서울중앙 7계 ■ 서울남부 3계 ■ 인천 31계 ■ 부천 4계 ■ 의정부 5계 ■ 안산 1계 ■ 청주 7계 ■ 대전 8계 ■ 공주 2계 ■ 창원 4계 ■ 진주 6계 ■ 진주 4계 ■ 마산 1계 ■ 광주 8계 ■ 울산 6계	■ 인천 10계 ■ 수원 18계 ■ 광주 10계	

출처 : 스피드옥션

'일정별검색'으로 들어가면 날짜별 일정이 정리되어 있습니다. 기일입찰, 예정기일, 매각결과 등을 확인할 수 있습니다.

특수물건

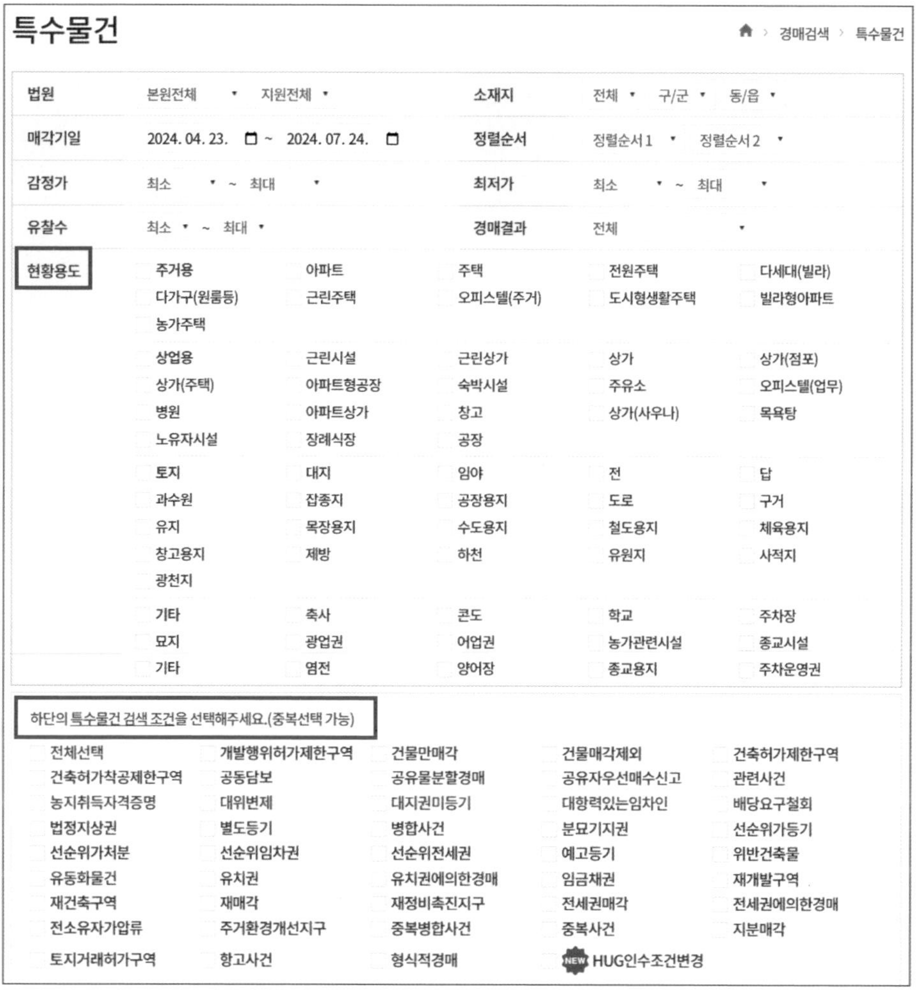

출처 : 스피드옥션

'특수물건'은 상단의 '현황용도'를 선택하고 하단의 '특수물건 검색 조건'도 선택하면 됩니다. 부동산 경매에 익숙해지면 특수물건도 다룰 수 있는데 그때 유용하게 쓸 수 있는 기능입니다.

주요 특수물건 용어 정리

다음은 부동산 경매 투자에서 알아두면 좋은 특수물건 관련 용어입니다. 물건 검색에서 자주 볼 수 있는 단어들을 핵심만 모아서 정리했습니다.

공동담보

부동산에서의 공동담보는 2개 이상의 부동산을 하나로 묶어서 공동으로 대출을 받는 것을 의미합니다. 오피스텔이나 빌라처럼 여러 세대가 한 건물에 사는 건물에서 할 수 있는 대출 형태입니다. 일반적인 대출은 집 한 채를 담보로 대출을 받으므로 등기부등본에 근저당 설정이 100% 다 나옵니다. 하지만 공동담보는 여러 세대를 한꺼번에 묶어서 근저당 설정이 되므로 실제로 건물에 묶여 있는 대출보다 더 적은 대출을 받은 듯한 착각을 불러일으킵니다. 예를 들어 건물 가격은 30억, 1층에 10세대, 2층에 10세대, 3층에 10세대가 살며 한 세대에 최대 1억의 대출이 나온다고 가정합시다. 이때 1층 10세대를 공동담보로 묶으면 10억 원의 대출이 가능합니다. 또한 2층 10세대, 3층 10세대를 묶어도 각각 10억 원의 대출이 가능합니다. 이때 각 층에 있는 세대의 등기부등본을 확인하면 '공동담보 10억'이라고 표시됩니다. 이렇게 되면 건물의 가격은 30억이고 대출도 30억이지만, 1, 2, 3층 전부 '공동담보 10억'으로 표시되므로 사기를 당할 가능성이 큰 것입니다. 게다가 공동담보로 묶인 물건이 5개가 넘어가면 몇 세대가 묶였는지 나오지 않으므로 공동담보 목록 확인은 필수입니다.

법정지상권

법정지상권은 '관습법상 법정지상권'의 준말이며, 「민법」에서도 「물권법」과 관련한 관습법입니다. 법정지상권을 요약하자면 '토지 소유자'와 '토지 위에 지은 건물 소유자'가 다른 경우에 '토지 위에 지은 건물 소유자'가 법률상으로 '토지를 이용할 수 있도록' 하는 것입니다. 즉, '토지 소유자'가 이미 토지 위에 지어져 있는 건물을 마음대로 철거하지 못하게 하는 것입니다. 우리나라는 '토지'와 '건물'을 별개의 재산으로 취급하기에 '토지 소유자'와 '건물 소유자'가 다를 때의 분쟁을 막기 위한 관습법입니다. 하지만 아무나 법정지상권을 인정받는 것은 아니며, 여러모로 복잡한 과정을 거쳐야 인정받을 수 있습니다.

농지취득자격증명

「농지법」 제2장 제6조(농지 소유 제한)에는 '농지는 자기의 농업경영에 이용하거나 이용할 자가 아니면 소유하지 못한다.'라는 조항이 있습니다. 물론 모든 농지가 그런 것은 아니지만, 예외 사항이 되려면 상당히 복잡한 과정을 거쳐야 합니다.
그리고 「농지취득자격증명발급심사요령」 제3장 제5조(농지취득자격증명 발급권자)에는 '농지취득자격증명은 취득하고자 하는 농지 소재지를 관할하는 시장, 구청장, 읍장 또는 면장이 발급한다.'라고 쓰여 있습니다. 이는 2021년 한국토지주택공사(LH)의 토지 투기 사태로 인해 법이 전면 개정된 결과입니다.

재건축구역

재건축사업은 「도시 및 주거환경정비법」 제2조에 따라 '정비기반시설은 양호하나 노후·불량건축물에 해당하는 공동주택이 밀집한 지역에서 주거환경을 개선하기 위한 사업'입니다. 즉, 주거환경을 개선하기 위한 정비 사업입니다. 따라서 재건축은 아무데서나 하지 않고, 재건축구역으로 지정되는 곳도 한정되어 있습니다. 그리고 재건축구역으로 지정된다고 해서 단기간에 재건축이 진행되는 것도 아닙니다. 그래도 재건축구역으로 지정된 곳은 값이 몇 배로 뛰어오르기에 많은 사람이 미리 구매하고 싶어 하는 곳입니다.

선순위가처분

가처분은 '돈 이외의 재산'을 받아야 할 때 취할 수 있는 행정 절차입니다. 「민사집행법」 제300조에 의거한 것으로, 경매 물건에 설정된 가처분은 매수로 인해 말소될 수도 있고, 매수인에게 인수될 수도 있습니다. 말소기준권리보다 가처분이 먼저 설정된 경우에는 권리가 말소되지 않고 매수인에게 인수되지만, 말소기준권리 이후에 설정된 가처분은 소멸합니다. 이때 전자를 선순위가처분, 후자를 후순위가처분이라고 합니다. 하지만 후순위가처분이라고 해서 전부 다 말소되는 것은 아니고, 설정 시기에 관계없이 무조건 매수인에게 인수되는 가처분도 있습니다.

위반건축물

위반건축물은 「건축법」 제79조 제1항 '허가권자는 이 법 또는 이 법에 따른 명령이나 처분에 위반되는 대지나 건축물에 대하여 이 법에 따른 허가 또는 승인을 취소하거나 그 건축물의 건축주·공사시공자·현장관리인·소유자·관리자 또는 점유자(이하 "건축주 등"이라 한다)에게 공사의 중지를 명하거나 상당한 기간을 정하여 그 건축물의 해체·개축·증축·수선·용도변경·사용금지·사용제한, 그 밖에 필요한 조치를 명할 수 있다.'에 해당하는 건물입니다. 요약하자면 건축법 기준에 맞게 대공사를 해야 하거나 아예 사용할 수 없는 물건입니다.

전 소유자 가압류

전 소유자 A(채무자)에게 부동산 가압류 신청을 한 B(채권자)가 있다고 합시다. 이때 A가 C에게 가압류 신청이 들어온 부동산을 매매했습니다. 그리고 C는 이 부동산을 경매에 내놓았습니다. 이러면 A는 '전 소유자', B는 '전 소유자 가압류', C는 '현 소유자'가 됩니다. 이렇게 전 소유자에게 걸린 가압류를 '전 소유자 가압류'라고 합니다. 그렇다면 이 '전 소유자 가압류'는 무작정 말소될까요? 아닙니다. 2007년 4월 13일 소유권말소등기 대법원 판례로 인해 원칙적으로는 전 소유자 가압류가 소멸되는 것으로 변경되었지만, 경매집행 법원에서 매각물건명세서에 '전 소유자의 가압류를 인수해야 한다'는 특별매각 조건을 붙인 경우에는 전 소유자 가압류를 인수해야 합니다.

분묘기지권

분묘기지권은 타인의 토지 위에 있는 분묘를 다른 곳으로 파내지 않고 그대로 타인 소유의 토지를 사용할 수 있는 권리입니다. 이 또한 지상권처럼 관습에 의하여 인정된 물권입니다. 하지만 이 권리가 성립되는 경우는 소유자의 승낙을 얻어 그 소유지 내에 분묘를 설치한 경우, 타인 소유의 토지에 승낙없이 분묘를 설치하고 20년간 평온·공연하게 그 분묘의 기지를 점유함으로써 분묘기지권을 시효로 취득한 경우, 자기소유의 토지에 분묘를 설치한 자가 그 후에 분묘기지에 대한 소유권을 유보하거나 또는 분묘도 함께 이전한다는 특약을 하지 않고 토지를 처분한 때에 그 분묘를 소유하기 위하여 분묘기지권을 소유한 경우 등입니다. 2001년 1월 13일부터 시행된 '장사 등에 관한 법률'은 이후로 신설된 묘지에 대해서는 분묘기지권을 인정하지 않습니다. 개정된 장사법 시행 이전에 설치된 묘지이며 20년의 시효가 완성된 경우에만 분묘기지권이 인정되므로 만약 자신의 소유 토지에서 2001년 이전에 설치된 남의 분묘를 발견한다면 해당 분묘의 관계자를 찾아 시효를 중단시켜야 합니다.

건축허가 및 착공 제한지역

건축허가 및 착공 제한지역은 「건축법」 제18조에서 지정한 지역입니다. 국토관리 등을 위하여 건축허가 또는 이미 건축허가를 받은 건축물의 착공을 일정 기간 제한하는 지역을 말합니다. 제한기간은 2년 이내지만, 1년 이내에서 1회 제한기간을 연장할 수 있습니다.

이 제도는 주로 도시지역에서 도시계획상 개발 예정지에 신축 건물이 난립하는 것을 막기 위한 목적으로 지정됩니다.

형식적 경매

형식적 경매는 공유물을 소유분만큼 분할하기 위해 현금화하는 것을 목적으로 하는 경매입니다. 예를 들어 X 빌딩을 A와 B가 공동 소유하고 있습니다. 이때 B가 X 빌딩의 지분을 처분하고 싶어합니다. 하지만 A와 건물 처분 관련 논의가 합의되지 않으면 형식적 경매로 넘어갑니다.

형식적 경매는 공유물분할을 위한 경매 말고도 상속재산분할을 위한 경매, 유치권에 기한 경매 등이 있습니다. 형식적 경매에서 경매신청한 사람은 채권자가 아니라 경매신청 신청인이고 경매 물건 소유자는 채무자가 아니라 단순 소유자입니다. 이처럼 형식적 경매는 일반적인 경매와는 경우가 다르기 때문에 주의해서 살펴봐야 합니다.

예고등기

예고등기는 2011년에 폐지되었지만, 현재까지도 경매물건으로 나오는 경우가 있으므로 알아두는 것이 좋습니다. 예고등기는 간단히 설명하자면 '해당 물건 소유권에 대한 법적 다툼이 진행 중이며, 그 결과에 따라 현재의 소유주가 바뀔 수 있음을 알리는 예고'입니다. 즉, 소송 중인 물건이라고 경고하는 것입니다. 따라서 예고등기 그 자체는 '경고'였지만, 이 같은 경고가 있는 물건은 사지 않으려는 사람이 많았습니다. 그래서 문제가 없는 물건에 일방적으로 예고등기를 걸어서 입찰가를 낮추는 악용 사례가 많아서 2011년에 폐지되었습니다.

경매 투자
용어를 배워라

부동산 경매를 시작했을 때 맨 처음 제 발목을 잡은 것은 여러 가지 낯선 용어들이었습니다. 하지만 이것은 당연한 일입니다. 우리는 대부분 법원 및 법 조항에 생소하기 때문입니다. 게다가 법 조항은 일상생활에서 들어보기 힘든 단어가 많습니다. 이처럼 부동산 경매는 처음 시작하면 어려울 수밖에 없습니다.

하지만 사람은 적응의 동물입니다. 꾸준히만 한다면 누구나 쉽게 익숙해집니다. 실제로 저와 함께 공부하는 교육생들도 처음에는 경매 용어를 많이 어려워합니다. 하지만 금방 이 용어들을 일상에서 자연스럽게 사용합니다.

이 책에서 우리가 살펴볼 부동산 경매 용어는 경매할 때 실제로 사용하는 실용적인 용어들입니다. 경매 관련 모든 용어를 빠짐없이 알 필요는 없습니다. 정말 중요한 단어를 정확하게 아는 것이 훨씬 중요합니다.

그럼 경매 사이트 '스피드옥션'에서 실제 경매 물건으로 경매 용어를 배워보도록 하겠습니다. 특히 경매를 처음 시작하는 분들은 사건들을 대충 훑어보기만 해도 도움이 많이 됩니다.

우리가 실제 살펴볼 사건은 '서울북부의 2020 타경 111314'입니다. 이 사건을 예시로 기본적인 경매 용어를 설명하겠습니다. 또한 사이트에서 제공하는 경매 자료 종류와 이 자료들을 어떻게 보아야 하는지 설명하겠습니다.

다음 이미지에 박스로 표시된 부분은 반드시 알아야 하는 경매 용어입니다. 이 용어를 중심으로 지금부터 살펴보겠습니다.

가로보기 세로보기

SPEED auction

관심 내폰전송 인쇄 물건전달 공유

TODAY 1
TOTAL 317
최근조회 동향

서울북부지방법원 경매5계 910-3675 법원정보보기 관할법원안내

2020 타경 111314(강제) 물번1 [배당종결] 매각기일 (화) 2021-10-12 10:00 ~

[redacted]

용도	아파트	채권자	해진에셋○○	감정가	286,000,000원
대장용도	아파트	채무자	이○○	최저가	(100%) 286,000,000원
대지권	46.88㎡ (14.18평)	소유자	이○○	보증금	(10%) 28,600,000원
전용면적	79.98㎡ (24.19평)	매각대상	토지/건물일괄매각	청구금액	8,471,089원
사건접수	2020-12-01	배당종기일	2021-02-15	개시결정	2020-12-02

기일현황 전체보기 ▾ 사진 더보기

회차	매각기일	최저매각금액	결과
신건	2021-10-12	286,000,000원	매각
[redacted]/입찰2명/낙찰331,400,000원(116%) 2등 입찰가 : 301,111,000원			
	2021-10-19	매각결정기일	허가
	2021-11-25	대금지급기한 납부 (2021.11.11)	납부
	2021-12-22	배당기일	완료

변경공고

변경 내용 없음

물건현황/토지이용계획

- "서울상계초등학교" 북동측 인근에 위치 / 주위는 아파트단지, 다세대 · 연립주택, 중 · 소규모 근린생활시설 등이 혼재 / 인근에 타지역으로 연계되는 일반버스정류장 및 근거리에 지하철 4호선(노원역)이 소재하여 제반 대중교통상황은 보통 / 남서측으로 노폭 약 6미터의 포장도로에 접하며, 북서측으로 노폭 약 3미터의 막다른 도로에 접함 / 제2종일반주거지역
- 통상의 위생 및 급·배수설비, 도시가스에 의한 난방설비, 승강기설비 등

감정평가현황	(주)삼창감정
가격시점	2020- 12- 09
감정가	286,000,000원
토지	185,900,000원
건물	100,100,000원
제시외(건물포함)	X
제시외(건물제외)	X
기타기계기구	X

감정평가서
토지이음 부동산통합정보이음 ↗
시세
실거래
전월세

면적(단위:㎡)

대지권
- 상계동 407-7 대지권
- 860㎡ 분의 46.88㎡
- 46.88㎡ (14.18평)

건물
- 보존등기일 2006-05-22
- [redacted]

임차인/대항력여부

배당종기일 2021-02-15

- 매각물건명세서상 조사된 임차내역이 없습니다

채무자(소유자) 점유

매각물건명세서
예상배당표

등기사항/소멸여부

건물열람 2020-12-14

소유권 이전 건물
- 2006-07-31
- [redacted]
- 매매
- 150,000,000원

(근)저당 소멸기준 건물
- 2006-08-25
- [redacted]
- 36,000,000원
- (주택) 소액배당 4000 이하 1600
- (상가) 소액배당 4500 이하 1350

소유권 이전 건물
- 2019-03-21
- [redacted]
- 협의분할에 의한 상속

강제경매 소멸 건물
- 2020-12-02
- [redacted]
- 청구 : 8,471,089원

건물등기사항증명서

사건 관련 자료

- 등기(집합)
- 감정평가서
- 현황조사서
- 물건명세서
- 사건내역
- 기일내역
- 문건접수/송달
- 부동산표시

추가사진/지도

- 추가사진보기
- 전자지도
- 이음지도
- 온나라지도

관련 시세 정보

- 아파트실거래가
- 전월세거래가
- KB부동산시세
- 부동산테크시세
- 네이버부동산

기타 참고자료

- 인근 진행물건
- 인근 매각물건
- 해당 번지사례
- 예상배당표 및 소유권 이전비용
- 입찰표 작성
- 주택/상가 임대차 보호법

가맹점모집
현장제보
이해관계인 요청
오류신고

명세서 요약사항 최선순위 설정일자 2006.8.25.근저당권

소멸되지 않는 등기부권리	해당사항 없음
설정된 것으로 보는 지상권	해당사항 없음
주의사항 / 법원문건접수 요약	※미납관리비(공용)를 인수할수 있으니 입찰전에 확인 하시기 바랍니다.

관련사건내역

서울동부지방법원	2011차전32787	지급명령	관련사건보기 ↗

부동산종합공부 요약

지번	407-7	지목/면적	대(860㎡)	공시지가	기준일 : 2020/01 → 2,499,000원 / ㎡

도시지역 * 제2종일반주거지역 * 도로 * 가축사육제한구역 * 교육환경보호구역 * 대공방어협조구역 * 과밀억제권역

출처 : 스피드옥션

서울북부지방법원

서울북부지방법원 | 경매5계 910-3675 | 법원정보보기 | 관할법원안내

2020 타경 111314(강제) | 물번1 [배당종결] | 매각기일 (화) 2021-10-12 10:00 ~

[redacted]

용도	아파트	채권자	해진에셋○○	감정가	286,000,000원
대장용도	아파트	채무자	이○○	최저가	(100%) 286,000,000원
대지권	46.88㎡ (14.18평)	소유자	이○○	보증금	(10%) 28,600,000원
전용면적	79.98㎡ (24.19평)	매각대상	토지/건물일괄매각	청구금액	8,471,089원
사건접수	2020-12-01	배당종기일	2021-02-15	개시결정	2020-12-02

출처 : 스피드옥션

'서울북부지방법원'은 경매 물건을 입찰하러 가야 하는 관할 법원입니다. 지역마다 경매 물건의 입찰 장소가 다르니 유의합시다. 이런 일이 벌어질까 싶지만, 실제로 다른 관할 법원에서 입찰해 무효가 되는 일이 종종 발생합니다.

2020 타경 111314(강제)

서울북부지방법원 | 경매5계 910-3675 | 법원정보보기 | 관할법원안내

2020 타경 111314(강제) | 물번1 [배당종결] | 매각기일 (화) 2021-10-12 10:00 ~

[redacted]

용도	아파트	채권자	해진에셋○○	감정가	286,000,000원
대장용도	아파트	채무자	이○○	최저가	(100%) 286,000,000원
대지권	46.88㎡ (14.18평)	소유자	이○○	보증금	(10%) 28,600,000원
전용면적	79.98㎡ (24.19평)	매각대상	토지/건물일괄매각	청구금액	8,471,089원
사건접수	2020-12-01	배당종기일	2021-02-15	개시결정	2020-12-02

출처 : 스피드옥션

'2020 타경 111314(강제)'에서 2020은 경매 사건이 접수된 연도입니다. 접수 연도를 알면 경매 투자에 큰 도움이 됩니다. 현재보다 꽤 예

전에 접수된 사건이라면 현재 해당 부동산 시장을 확인합니다. 그리고 경매 사건 접수 시점에 부동산 시장이 상승 또는 하락 기간이었는지 확인해봅니다. 그러면 감정가를 어떻게 판단해야 할지 감을 잡을 수 있습니다.

'타경'은 경매 사건을 지칭하는 용어로 특별한 의미는 없습니다. '111314'는 접수 번호를 뜻하는 것입니다. 따라서 '2020 타경 111314'는 접수 연도와 경매 사건 접수 번호를 뜻한다고 이해하시면 됩니다. 마지막으로 '강제'는 카드 빚과 같은 채무 때문에 당사자 동의 없이 경매에 들어갔다는 것을 의미합니다. 마지막으로 '강제' 위치에 다른 용어가 들어가는 경우를 설명하겠습니다.

임의, 중복, 물번, 병합

서울동부지방법원
2021 타경 729(임의) 물번1 [배당종결]
경매2계 2204-2406(구내:2406) 법원정보보기 관할법원안내
매각기일 (월) 2021-11-15 10:00 ~
[illegible]

용도	아파트	채권자	송도신용협동○○	감정가	1,623,000,000원
대장용도	아파트	채무자	다복컴○○	최저가	(100%) 1,623,000,000원
대지권	53.26㎡ (16.11평)	소유자	다복컴○○	보증금	(10%) 162,300,000원
전용면적	95.84㎡ (28.99평)	매각대상	토지/건물일괄매각	청구금액	415,026,995원
사건접수	2021-03-22	배당종기일	2021-06-07	개시결정	2021-03-23

출처 : 스피드옥션

만약 강제 대신에 '임의'라는 말이 있다면 채무자가 일반적으로 주택담보대출을 못 갚은 것입니다. 그러면 대출을 해준 은행이 경매를 신청합니다. 은행이 법원에 경매를 맡겼다고 생각하면 되겠습니다.

서울동부지방법원
2021 타경 149(강제) 물번1 [배당종결]
2021타경1043(중복)

경매2계 2204-2406(구내:2406) 법원정보보기 관할법원안내
매각기일 (월) 2021-11-15 10:00 ~

[redacted]

용도	아파트	채권자	서○○	감정가	1,740,000,000원
대장용도		채무자	김○○	최저가	(100%) 1,740,000,000원
대지권	38.7469㎡ (11.72평)	소유자	김○○	보증금	(10%) 174,000,000원
전용면적	84.96㎡ (25.7평)	매각대상	토지/건물일괄매각	청구금액	4,330,958원
사건접수	2021-01-20	배당종기일	2021-04-13	개시결정	2021-01-25

출처 : 스피드옥션

종종 위처럼 '2021타경1043(중복)'이라고 적혀 있는 경우도 있습니다. 이것은 이 부동산 물건에 다른 채무 관계로 '다른 경매가 중복 신청되어 있음'을 의미합니다. 얼핏 문제가 많은 물건이구나 싶지만 이런 중복 사건은 경매 투자자 입장에서 아무런 문제가 되지 않습니다. 신경 쓰지 말고 경매 물건을 조사해 조건이 좋으면 입찰하면 됩니다.

의정부지방법원
2020 타경 7111(강제) 물번5 [배당종결]
2020타경86756(병합)

경매5계 031-828-0328 법원정보보기 관할법원안내
매각기일 (화) 2021-11-16 10:30 ~

[redacted]

용도	다세대(빌라)	채권자	주택도시보증○○	감정가	216,000,000원
대장용도		채무자	이○○	최저가	(24%) 51,862,000원
대지권	78.5㎡ (23.75평)	소유자	이○○	보증금	(20%) 10,372,400원
전용면적	71.45㎡ (21.61평)	매각대상	토지/건물일괄매각	청구금액	47,963,149원
사건접수	2020-04-23	배당종기일	2020-12-14	개시결정	2020-04-24

출처 : 스피드옥션

'물건번호(물번)'라는 말이 붙어 있는 경우도 보게 됩니다. 물번은 같은 건물(아파트, 빌라 등)에 여러 개의 호실이 함께 경매에 나왔을 때, 같은 사건으로 처리되기 때문에 물건을 구분하는 용도입니다. A아파트 301호, 302호, 303호가 동시에 경매에 나오면 '물번' 표시가 붙습니다.

만약 경매 입찰 시 물번을 적지 않으면 어느 호실에 입찰했는지 알 수 없습니다. 따라서 물번을 적지 않고 입찰하는 경우 경매 입찰이 무효가 됩니다. 그렇기 때문에 투자자 입장에서는 반드시 확인해야 하는 부분 중 하나입니다.

'병합'은 '중복'과 비슷하지만 경매 신청 시기가 다른 경우입니다. 마찬가지로 투자자는 크게 신경 쓰지 않아도 되는 정보입니다.

매각기일

서울북부지방법원 경매5계 910-3675 법원정보보기 관할법원안내

2020 타경 111314(강제) 물번1 [배당종결] 매각기일 (화) 2021-10-12 10:00 ~

[illegible]

용도	아파트	채권자	해진에셋○○	감정가	286,000,000원
대장용도	아파트	채무자	이○○	최저가	(100%) 286,000,000원
대지권	46.88㎡ (14.18평)	소유자	이○○	보증금	(10%) 28,600,000원
전용면적	79.98㎡ (24.19평)	매각대상	토지/건물일괄매각	청구금액	8,471,089원
사건접수	2020-12-01	배당종기일	2021-02-15	개시결정	2020-12-02

출처 : 스피드옥션

바로 옆에 '매각기일'이 보입니다. 경매에 입찰하기 위해서는 표시된 날짜와 시간에 맞춰 법원에 가야 합니다. 보통 오전 10시부터 입찰 서류와 봉투를 나눠 주고 11시 10분까지 작성하도록 시간을 줍니다. 시간이 생각보다 촉박하니 미리 준비합시다. 특히 자차를 이용하는 분들은 주차장에서 시간을 많이 허비할 수 있으니 반드시 여유 있게 출발하도록 하세요.

경매계

서울북부지방법원

2020 타경 111314(강제) 물번1 [배당종결]

경매5계 910-3675 법원정보보기 관할법원안내

매각기일 (화) 2021-10-12 10:00 ~

[redacted]

용도	아파트	채권자	해진에셋○○	감정가	286,000,000원
대장용도	아파트	채무자	이○○	최저가	(100%) 286,000,000원
대지권	46.88㎡ (14.18평)	소유자	이○○	보증금	(10%) 28,600,000원
전용면적	79.98㎡ (24.19평)	매각대상	토지/건물일괄매각	청구금액	8,471,089원
사건접수	2020-12-01	배당종기일	2021-02-15	개시결정	2020-12-02

출처 : 스피드옥션

매각기일 위에 '경매계'의 전화번호가 적혀 있습니다. 이 사건과 관련해 문의가 있다면 여기로 전화해서 물어보면 됩니다. 문의 관련 하나 팁이 있습니다. 담당자 입장에서는 수십, 수백 명의 전화를 받아야 하니 친절한 응대를 기대하기 힘듭니다. 그래도 먼저 공손하게 다가가면 원하는 답을 충분히 얻을 수 있습니다. 가는 말이 고와야 오는 말이 고운 진리는 여기서도 통하니 꼭 친절히 얘기합시다.

소재지

서울북부지방법원

2020 타경 111314(강제) 물번1 [배당종결]

경매5계 910-3675 법원정보보기 관할법원안내

매각기일 (화) 2021-10-12 10:00 ~

[redacted]

용도	아파트	채권자	해진에셋○○	감정가	286,000,000원
대장용도	아파트	채무자	이○○	최저가	(100%) 286,000,000원
대지권	46.88㎡ (14.18평)	소유자	이○○	보증금	(10%) 28,600,000원
전용면적	79.98㎡ (24.19평)	매각대상	토지/건물일괄매각	청구금액	8,471,089원
사건접수	2020-12-01	배당종기일	2021-02-15	개시결정	2020-12-02

출처 : 스피드옥션

다음은 '소재지'입니다. 소재지는 해당 경매 물건의 주소입니다.

당연히 주소를 정확히 파악해야 지도상에서 위치를 보며 여러 정보를 얻는 게 가능해집니다. 현장에 가서 조사하려면 반드시 확인해야 하는 내용입니다.

용도, 대장용도, 대지권, 전용면적, 사건접수

서울북부지방법원 경매5계 910-3675 법원정보보기 관할법원안내

2020 타경 111314(강제) 물번1 [배당종결] 매각기일 (화) 2021-10-12 10:00 ~

용도	아파트	채권자	해진에셋○○	감정가	286,000,000원
대장용도	아파트	채무자	이○○	최저가	(100%) 286,000,000원
대지권	46.88㎡ (14.18평)	소유자	이○○	보증금	(10%) 28,600,000원
전용면적	79.98㎡ (24.19평)	매각대상	토지/건물일괄매각	청구금액	8,471,089원
사건접수	2020-12-01	배당종기일	2021-02-15	개시결정	2020-12-02

출처 : 스피드옥션

'용도'는 아파트, 상가, 점포 등으로 표시합니다. 실제 사용되는 용도를 뜻하는데 상가는 건물 통째를 말하는 것이고, 점포는 한 호실을 의미합니다.

'대장용도'는 실제 건축물대장에 표시된 용도입니다. 입찰할 물건이라면 이 건축물대장의 용도와 실제 사용되는 용도가 같은지 확인이 필요합니다.

'대지권'은 땅에 대한 권리입니다. 아직까지 부동산 시장에서는 ㎡(제곱미터)보다는 평수를 많이 사용하고 있습니다. 하지만 세금은 ㎡ 단위로 과세가 달라지기 때문에 ㎡를 눈에 익히는 것이 좋습니다.

'전용면적'은 실제 사용하는 평수를 의미합니다. 흔히 실평수라고 하는데 당연히 분양 면적보다 작습니다. 분양 면적에는 엘리베이터와 복도 등의 공공 면적이 포함되어 있기 때문입니다.

'사건접수'는 해당 날짜에 경매 사건이 접수되었다는 것입니다. 부동산 경매 물품의 감정가는 '사건접수' 시점 가격이 반영됩니다. 감정가가 저평가 되었는지, 고평가 되었는지 판단할 가장 중요한 정보입니다.

채권자, 채무자, 소유자, 매각대상, 배당종기일

서울북부지방법원 경매5계 910-3675 법원정보보기 관할법원안내

2020 타경 111314(강제) 물번1 [배당종결] 매각기일 (화) 2021-10-12 10:00 ~

[redacted]

용도	아파트	채권자	해진에셋○○	감정가	286,000,000원
대장용도	아파트	채무자	이○○	최저가	(100%) 286,000,000원
대지권	46.88㎡ (14.18평)	소유자	이○○	보증금	(10%) 28,600,000원
전용면적	79.98㎡ (24.19평)	매각대상	토지/건물일괄매각	청구금액	8,471,089원
사건접수	2020-12-01	배당종기일	2021-02-15	개시결정	2020-12-02

출처 : 스피드옥션

'채권자', '채무자'는 다음 내용을 기억합시다. 채'권'자는 돈을 받을 '권리'가 있는 사람을 말합니다. 반대로 채'무'자는 돈을 갚을 '의무'가 있는 사람입니다.

'소유자'는 예시 물건처럼 채무자와 같을 확률이 높습니다. 보통 소유자인 집주인이 집을 담보로 돈을 빌렸다가 갚지 못해 경매에 나

오는 경우가 대부분이기 때문입니다. 소유자와 채무자가 같지 않은 경우도 있습니다. 예를 들어 집을 소유한 지인이 채무자의 보증을 서는 경우입니다. 그러면 경매 물품의 소유자와 채무자가 다르게 됩니다.

'매각대상'은 말 그대로 경매 대상을 말합니다. 부동산은 토지와 그 위에 있는 건물을 같이 사고파는 것이 일반적입니다. 이 사건처럼 '토지/건물일괄매각'으로 되어있는지 확인이 꼭 필요합니다. 토지와 건물을 같이 낙찰받아야 좋습니다. 만약 둘 중의 하나만 매각이라고 되어있으면 일반적인 부동산이 아니라 반쪽짜리 부동산인 것입니다. 이런 경우는 지분 물건이 되고, 경매에서 특수물건으로 분류됩니다.

'배당종기일'은 배당을 받고 싶으면, 적힌 기간까지 배당 신청을 '해야 한다'라는 의미입니다. 우리가 경매 낙찰에 성공하면, 최종적으로 낙찰금을 납부하게 됩니다. 이 낙찰금으로 법원의 판사가 배당받을 사람들에게 돈을 나눠 주는 것이죠. 이해관계인이 배당종기일까지 배당 신청하지 않는다면 배당을 받지 못하게 됩니다. 따라서 경매 물건에 임차인이 배당 신청을 했는지, 안 했는지도 중요합니다. 투자의 포인트가 될 수 있기 때문에 반드시 확인해야 합니다.

감정가, 최저가, 보증금, 청구금액, 개시결정

서울북부지방법원 경매5계 910-3675 법원정보보기 관할법원안내

2020 타경 111314(강제) 물번1 [배당종결] 매각기일 (화) 2021-10-12 10:00 ~

[redacted]

용도	아파트	채권자	해진에셋○○	감정가	286,000,000원
대장용도	아파트	채무자	이○○	최저가	(100%) 286,000,000원
대지권	46.88㎡ (14.18평)	소유자	이○○	보증금	(10%) 28,600,000원
전용면적	79.98㎡ (24.19평)	매각대상	토지/건물일괄매각	청구금액	8,471,089원
사건접수	2020-12-01	배당종기일	2021-02-15	개시결정	2020-12-02

출처 : 스피드옥션

'감정가'는 해당 경매 물건을 감정평가사가 책정한 가격입니다. 중요한 것은 이 가격은 참고만 하고 절대 신뢰해서는 안 되는 가격이라는 것입니다.

이 경매의 사건접수 날짜를 보면 '2020-12-01'입니다. 하지만 매각기일은 '2021-10-12'입니다. 경매 사건접수부터 입찰까지 거의 1년이 지났습니다. 이처럼 감정 시기와 매각 시기는 상당히 다른 경우가 많습니다. 때문에 감정가를 믿지 말고 스스로 시세 조사를 해야 합니다.

'최저가'는 최소한 이 가격 이상으로 입찰해야 '유효한 입찰'이라는 의미입니다. 최저가는 처음에 감정가로 시작합니다. 하지만 **유찰**될 때마다 보통 가격이 30%씩 하락합니다. 1억 원의 감정가가 1회 유찰되면 다음 입찰 시 7,000만 원이 되고, 2회 유찰되면 다음 입찰 때 4,900만 원이

유찰
유찰되는 물건은 가격이 대폭 하락한다. 입찰을 생각하고 있다면 유찰된 이유가 타당한지 입찰 전 단계에서 반드시 확인해야 한다.

되는 것입니다. 할인 폭은 지역에 따라 10% 또는 20%인 경우도 있으니, 물건마다 확인해야 합니다.

'보증금'은 입찰 시에 제출하는 금액으로 최저가의 10%입니다. 유찰되면 최저가가 계속 낮아지므로 당연히 보증금도 낮아집니다. 보증금은 수표 한 장으로 만들어 경매에 참여하는 것이 좋습니다. 지금 예시로 설명하자면 2,860만 원짜리 수표 한 장으로 준비하는 것입니다. 그렇지 않으면 법원 담당자가 경매 개찰 중에 돈을 세는 상황이 생깁니다. 서로 불편하니 미리 준비합시다. 하루 전에 은행에서 미리 준비하는 것을 추천드립니다.

보증금 관련 주의 사항으로 '재매각'이 있습니다. 낙찰 이후 대금 미납 등으로 다시 경매에 나오는 사건을 '재매각'이라고 합니다. 이 재매각 사건은 일반적으로 최저가의 20%가 보증금이므로 꼭 확인하시기 바랍니다. 실제로 이런 물건에 보증금을 최저가의 10%만 납부해 무효 처리되는 사례가 종종 발생합니다.

'청구금액'은 채권자가 청구한 금액입니다. 경매는 주로 빌린 돈을 갚지 못하는 상황에서 발생합니다. 이 정도 금액 때문에 이 물건이 경매로 나오게 되었다는 정도로 이해하면 됩니다.

'개시결정'은 경매 접수 후에 판사가 경매 사건을 시작하라고 결정한 날짜입니다. 그림을 보면 12월 1일에 접수가 되어 다음 날인 12월 2일에 개시 결정이 되었습니다. 이렇게 보통 접수 후 3일 이내에 개시결정이 내려집니다.

기일현황, 매각결정기일, 대금지급기한, 배당기일

기일현황 전체보기 ▼

회차	매각기일	최저매각금액	결과
신건	2021-10-12	286,000,000원	매각
[redacted]/입찰2명/낙찰331,400,000원(116%) 2등 입찰가 : 301,111,000원			
	2021-10-19	매각결정기일	허가
	2021-11-25	대금지급기한 납부 (2021.11.11)	납부
	2021-12-22	배당기일	완료

출처 : 스피드옥션

'기일현황'은 날짜별로 경매 진행 상황을 기록한 것입니다. 매각기일을 기준으로 유찰 또는 낙찰 여부가 나와있습니다. 이 물건은 유찰되지 않고 신건 때 바로 낙찰됐습니다. 신건 낙찰은 경쟁자가 적다는 장점이 있습니다. 이 물건도 입찰한 사람이 두 명뿐이었습니다.

'매각결정기일'은 낙찰 후 이의 신청 기간입니다. 보통 7일 정도 걸립니다. 매각결정기일을 두는 이유는 낙찰 후에 혹시 억울한 사람이 있을 수 있기 때문입니다. 낙찰로 억울한 사람이 있다면 이 기간에 법원으로 빨리 이의를 신청하라는 의미입니다. 법원에 7일 동안 이의 신청이나 문제가 없으면 낙찰자에게 허가 결정이 내려집니다. 법원이 낙찰자에게 물건의 인도를 허가한다는 의미입니다.

'대금지급기한'은 입찰보증금을 제외한 잔금을 언제까지 납부해야 하는지 명시하고 있습니다. 이 물건은 '2021-10-12'에 낙찰되었고, 대금지급기한은 '2021-11-25'입니다. 낙찰 후 6주 정도 잔금 납부할 시간을 줍니다. 보통 1개월~2개월의 기한을 준다고 생각하면 됩니다. 낙찰에 성공했다면, 이 기간을 활용해 경락잔금대출을 부지런히 알아보시면 됩니다.

보통은 대출 이자 때문에 최대한 늦게 잔금을 납부합니다. 하루라도 이자를 덜 내기 위해서입니다. 물론 공실이나 명도 등의 상황에 따라 다릅니다. 신속하게 소유권을 가져와 수리 및 인테리어 기간을 확보하면 빠르게 임대 및 매도 매물을 내놓는 것도 가능합니다. 이 사건도 11월 11일에 비교적 빠르게 잔금을 완납했습니다.

대금지급기한이 지나서도 낙찰자가 돈을 내지 못하는 경우 어떻게 될까요? 당연히 법원에서는 재매각을 위해 새로운 매각기일을 정합니다. 만약 새로운 매각기일 전 낙찰자가 뒤늦게 잔금을 납부하면 법원에서 유효하게 처리해줍니다. 대신 그만큼의 지연이자는 감수해야 합니다.

'배당기일'은 잔금 납부가 끝나고 이 돈을 배당 신청한 사람에게 나눠 주는 날입니다. 이 과정이 끝나면 경매 사건이 '종료'됩니다.

등기사항/소멸여부

'등기사항/소멸여부'에서 채무 관계를 어느 정도 구체적으로 파악 가능합니다. 등기부등본을 보지 않더라도 알 수 있도록 간단히 요약돼 있습니다.

이 사례를 간단히 살펴보겠습니다. '소유권'은 부동산을 소유한 사람입니다. '근저당'은 담보 대출을 말합니다. 같은 해 8월에 부동산으로 담보 대출을 받았습니다. 이후 소유권이 상속으로 넘어갔고 다시 채무 관계가 있었던 것으로 보입니다. 그리고 채권자가 경매를 신청한 것을 알 수 있습니다. 지금은 처음이라 일일이 확인하지만 실전 투자 때는 꼭 필요한 부분만 보고 넘어가면 됩니다.

출처 : 스피드옥션

임차인/대항력여부

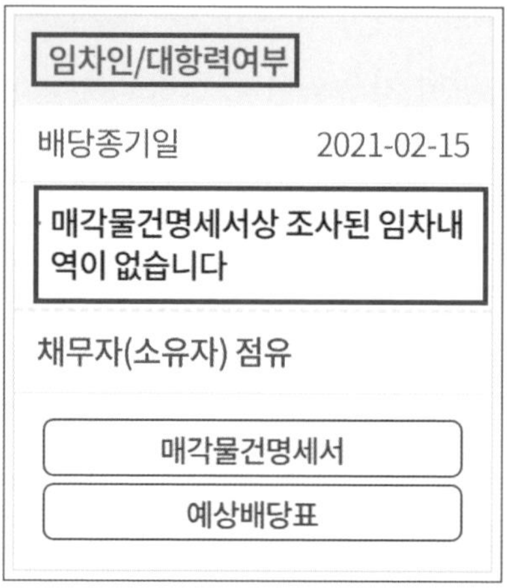

출처 : 스피드옥션

'임차인/대항력여부'는 점유자 관련 내용입니다. 경매계에서는 부동산 경매 물건에 임차인이 있는지 조사합니다. 임차인이 있다면 임차인에게 대항력이 있는지 조사합니다. 임차인이 없다면 '매각물건명세서상 조사된 임차내역이 없습니다'라고 적힙니다. 이 경매 사건은 채무자인 소유자가 점유하고 있다고 되어 있습니다. 세를 놓지 않고 집주인 본인이 살고 있다는 뜻입니다. 따라서 낙찰을 받으면 이 사람이 점유자가 됩니다.

보존등기일

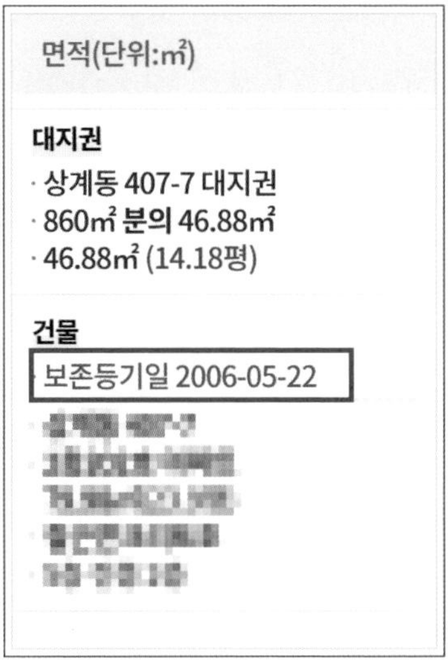

출처 : 스피드옥션

'보존등기일'은 등기부등본이 생긴 날짜, 즉 준공연도입니다. 보존등기일로 해당 건물의 노후도를 짐작할 수 있습니다.

등기(집합), 감정평가서

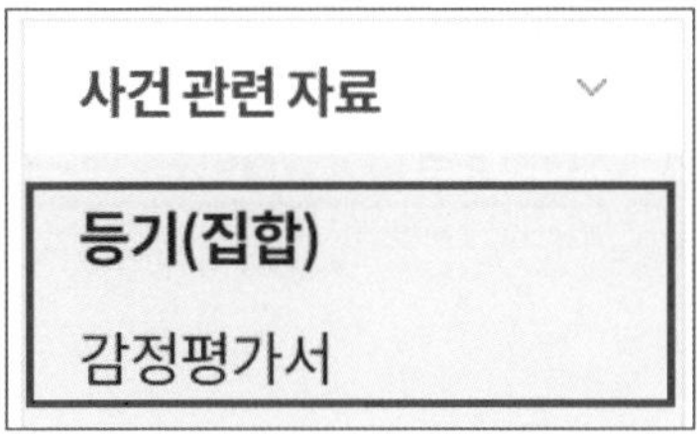

출처 : 스피드옥션

'등기(집합)'는 이 경매 물건의 등기부등본을 보여줍니다. 등기부등본은 부동산의 소유권이 누구에게로 바뀌었고, 대출은 언제 받았는지 등의 권리관계를 기록해놓은 것입니다. 누구든지 수수료를 납부하면 열람 및 발급이 가능합니다. 유료 경매 사이트에서는 바로 클릭만 하면 볼 수 있으니 상당히 효율적입니다.

'감정평가서'는 감정평가사가 만든 자료입니다. 몇몇의 자료를 일정 기준에 대입해 만들기 때문에 크게 실효성 있는 자료는 아닙니다. 판사도 감정평가서가 제대로 작성되었는지 여부를 판단하지 않습니다. 따라서 반드시 투자자는 현재 시세 조사를 따로 해야 합니다.

현황조사서, 물건명세서, 사건내역

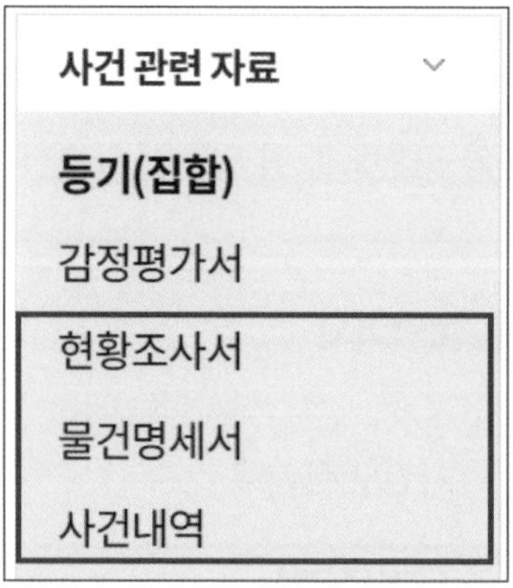

출처 : 스피드옥션

'현황조사서'는 법원 직원이 현황을 조사한 자료입니다. 경매 물건에 직접 방문하거나 전화 등의 방법으로 알아낸 정보를 후기로 적은 것입니다. 이 경매 사건에 얽혀 있는 채권자, 채무자, 임차인 등 여러 이해관계인을 직접 만나 실황을 파악하는 것이 경매 법원 직원의 일 중 하나입니다. 이 내용은 권리분석이나 명도의 난이도를 예상할 때 참고할 수 있습니다.

'물건명세서'에 적혀 있는 내용은 아주 중요합니다. 왜냐하면 물건명세서에는 판사가 책임지는 내용이 담겨 있기 때문입니다. 이런저런 일로 잘못 낙찰받았는데, 이미 그런 내용이 물건명세서에 나와 있었다면 되돌릴 수 없습니다. 반대로 물건명세서에 내용상 오류가 있었다면, 낙찰자는 이의를 신청해 입찰보증금 환불이나 경매 취소를 요청할 수 있습니다. 이처럼 물건명세서는 반드시 확인하고 입찰해야 합니다.

'사건내역'은 지금까지 본 내용을 요약한 정보입니다. 앞선 내용들을 파악했다면 따로 볼 필요는 없습니다.

기일내역, 문건접수/송달, 부동산표시

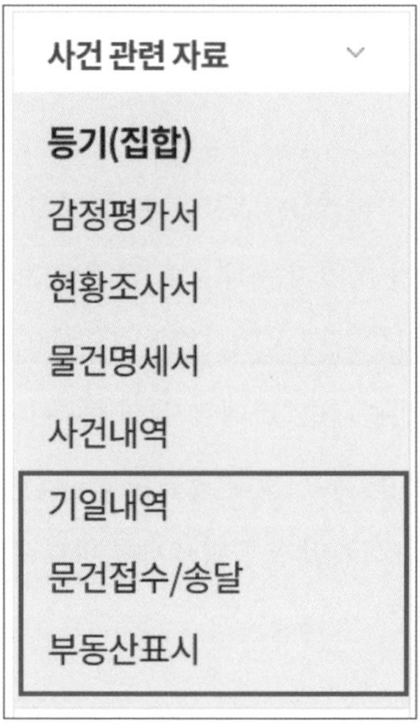

출처 : 스피드옥션

'기일내역'은 쉽게 날짜를 기준으로 작성한 부동산 이력서입니다. 기일에 따라서 매각기일, 매각결정기일, 대금지급기한, 배당기일 등을 시간 순서로 작성하고 있습니다.

'문건접수/송달'은 경매 사건과 관련된 문서를 이해관계인들이 주고받은 내역입니다. 이 내역의 송달 여부로 채무자가 '연락이 잘 되겠구나, 아니면 어렵겠구나'를 짐작할 수 있습니다.

'부동산표시'는 부동산 소재지, 용도, 구조, 면적 등을 보여줍니다.

추가사진보기 및 기타 지도

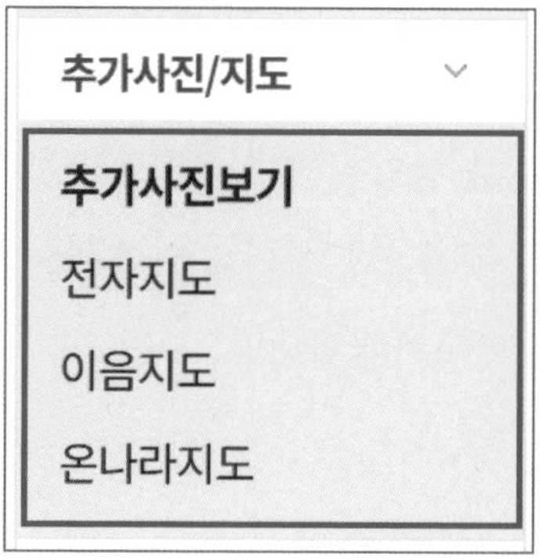

출처 : 스피드옥션

'추가사진보기'를 클릭하면 물건에 대한 여러 사진이 나옵니다. 현장에 가지 않고도 물건의 상태나 좀 더 상세한 부분을 사진으로 확인하는 게 가능합니다. 그 밖의 지도는 자신이 원하는 용도에 맞게 살펴보면 됩니다.

유치권

물건 검색을 하다 보면 '유치권'이라는 용어가 나올 때가 많습니다. 예를 들어보겠습니다. 인테리어 회사가 집을 수리하고 잔금을 받지 못했습니다. 이런 회사에 국가가 합법적으로 주는 권리가 유치권입니다. 유치는 쉽게 말해 '거기 눌러앉아 있어도 된다'는 의미입니다. 경찰서 유치장을 생각하면 이해가 빠를 겁니다. 이런 유치권이 걸려 있는 물건은 유치권을 어떻게 해결할지 방향을 계획하고 입찰해야 합니다.

대항력 있는 임차인

'대항력 있는 임차인'은 무척 중요한 문제입니다. 임차인에게 대항력이 있으면 낙찰자가 추가로 돈을 물어줘야 할 수 있습니다. 낙찰금만 납부하면 되는 줄 알았는데, 임차인의 보증금을 추가로 지불하는 상황이 발생하는 것입니다. 그러므로 입찰할 때 임차인에게 대항력이 있는지 반드시 확인해야 합니다.

물건 검색을

실전처럼 훈련해라

부동산 경매 투자자의 물건 검색 기준은 간단합니다. '이 물건으로 돈을 벌 수 있을까?'입니다. 그래서 물건 검색 때는 필요한 정보에만 집중할 필요가 있습니다.

처음에는 매일 1시간씩, 이후 점차 시간을 늘려 하루에 3시간씩 훈련해야 합니다. 그렇게 4주 동안 반복하면 달라지는 것을 느낄 수 있습니다.

이 훈련은 경매 투자의 기본 중 기본입니다. 아주 지겹고 해내기 어렵지만 견뎌야 경매 투자로 수익을 낼 수 있습니다. 이 점을 명심하고 다음 내용을 읽어주기 바랍니다.

훈련 전 기본 설정

먼저 스피드옥션에 로그인합니다. 그리고 왼쪽 상단 '경매검색' 페이지로 들어갑니다.

출처 : 스피드옥션

'종합검색' 페이지가 제일 처음으로 나옵니다. 그리고 '검색조건입력'에 여러 사항의 옵션 체크가 가능합니다.

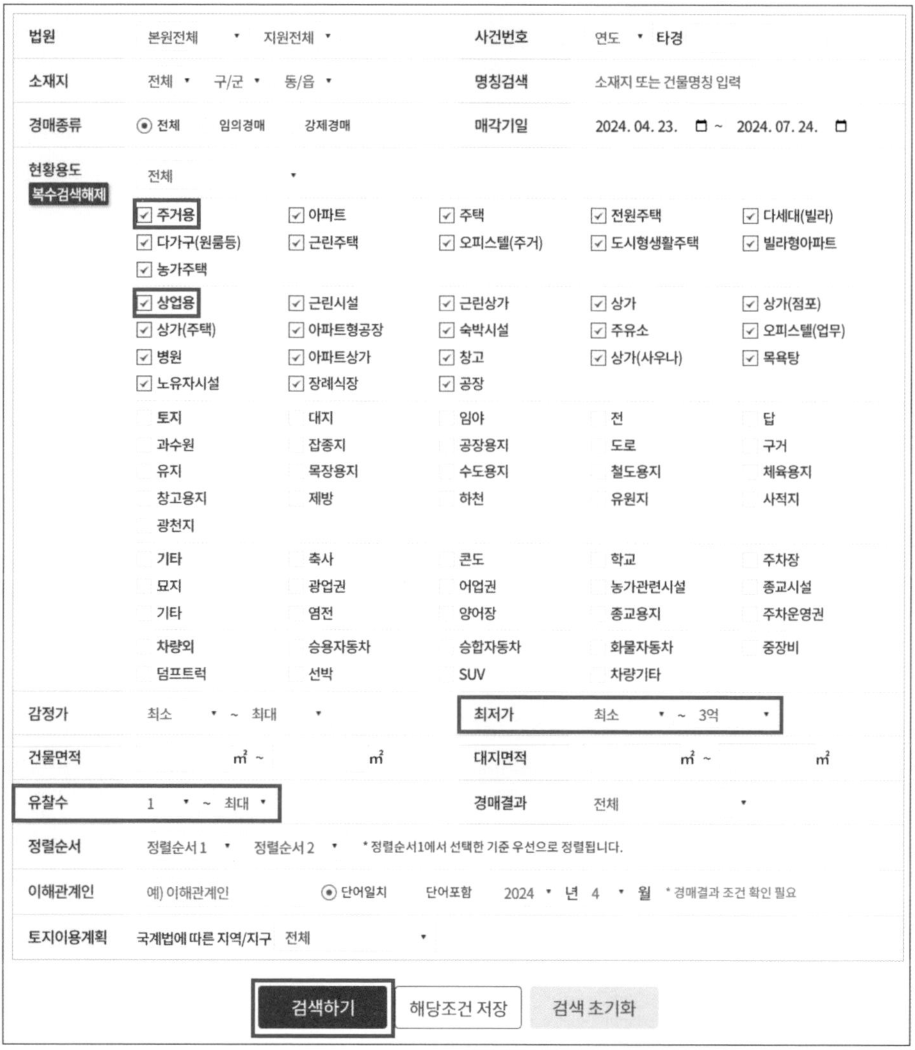

출처 : 스피드옥션

'현황용도' 아래에서 일단 '주거용'과 '상업용'을 체크합니다. '토지'는 처음부터 접근하기는 어렵고, '기타'는 큰 메리트가 없습니다.

'유찰수'는 최소 '1번'으로 설정하겠습니다. 왜냐하면 유찰이 최소 1번은 되어야 감정가보다 싼 가격에 살 수 있기 때문입니다.

'최저가'는 내 투자금을 고려해서 설정합니다. 내 투자금으로는 입찰하지 못할 물건을 굳이 살펴보고 있을 필요는 없습니다. 시간 대비 효율적인 경매 투자를 위한 물건 검색을 해야 합니다. 지금 내 상황에서 대출이 70% 정도 나온다면 30%의 투자금만 있으면 됩니다. 예를 들어 5억 원의 물건이면 3.5억 원의 대출과 1.5억 원의 투자금으로 진행하면 되는 것입니다. 같은 물건이라도 싸게 낙찰받으면 투자금은 줄어듭니다.

일반적으로 최저가는 내 투자금의 3배~4배로 설정합니다. 예를 들어 투자금이 1억 원이라면 3억~4억 원으로 체크를 합니다. 투자금은 내가 가지고 있는 자산을 말합니다. 아직 내가 투자금을 얼마나 가지고 있는지 파악조차 하지 못하신 분들은 자산 정리부터 하시기 바랍니다.

앞에서 말한 것처럼 설정을 세팅하고 '검색하기'를 누르면 조건에 맞는 검색 물건이 나타납니다. 한 페이지에 50개의 물건이 나오도록 설정합니다.

그럼 물건 하나로 예를 들어 물건 검색 훈련 방법을 알려드리겠습니다. 살펴볼 사례는 '부산동부지원의 2023 타경 1963(임의)'입니다.

가로보기 세로보기

SPEED auction

관심 내폰전송 인쇄 물건전달 공유

TODAY 2
TOTAL 123
최근조회 동향

부산동부지원
2023 타경 1963(임의)

물번1 [매각]

경매5계 780-1425(구내:1425) 법원정보보기 관할법원안내

매각기일 (월) 2024-04-22 10:00 ~

[redacted]

용도	아파트	채권자	신한○○	감정가	366,000,000원
대장용도	아파트	채무자	우○○	최저가	(80%) 292,800,000원
대지권	28.4238㎡ (8.6평)	소유자	우○○	보증금	(10%) 29,280,000원
전용면적	59.526㎡ (18.01평)	매각대상	토지/건물일괄매각	청구금액	156,281,777원
사건접수	2023-05-22	배당종기일	2023-08-08	개시결정	2023-05-24

기일현황 전체보기 사진 더보기

회차	매각기일	최저매각금액	결과
신건	2024-03-18	366,000,000원	유찰
2차	2024-04-22	292,800,000원	매각
	[redacted]/입찰5명/낙찰318,000,000원(87%) 2등 입찰가 : 309,999,900원		
	2024-04-29	매각결정기일	

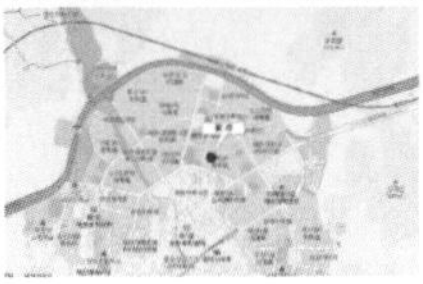

변경공고

변경 내용 없음

물건현황/토지이용계획

- "좌동초등학교" 동측 인근에 소재 / 부근은 아파트단지, 부속상가, 학교 및 근린생활시설 등으로 형성 / 인근에 시내버스정류장 및 근거리에 도시철도2호선 "장산역"이 소재하여 대중교통사정은 보통 / 북서측 및 남서측으로 중로, 남동측으로 대로, 북동측으로 폭 약8미터 도로에 각각 접하고 있으며, 단지내 가로망 정비되어 있음 / 제2종일반주거지역
- 위생 및 급·배수설비, 소화전설비, 화재경보설비, 승강기설비, 지역난방, 도시가스 등

감정평가현황 건화감정
- **가격시점** 2023-06-08
- **감정가** 366,000,000원
- **토지** 109,800,000원
- **건물** 256,200,000원
- **제시외(건물포함)** X
- **제시외(건물제외)** X
- **기타기계기구** X

감정평가서 / 토지e음 부동산통합정보이음 / 시세 / 실거래 / 전월세

면적(단위:㎡)

대지권
- 좌동 1298 대지권 36,306.2㎡ 분의 28.42㎡
- 28.42㎡ (8.6평)

건물
- 보존등기일 1997-11-13

[redacted]

건축물대장

임차인/대항력여부

소멸기준일 2016-07-26
배당종기일 2023-08-08

우○○ 대항 없음
- 전입 : 2017-12-04
- 확정 : 없음
- 배당 : 없음
- 보증 : 미상
- 권리 : 주거임차인
- 점유 : 미상
- 현황조사 권리내역

임차인(별지) 점유
우도진 : 임대차관계 불분명

매각물건명세서 / 예상배당표

등기사항/소멸여부

건물열람 2023-06-06

소유권 이전 건물
- 2004-06-01
- [redacted]
- 임의경매로 인한 매각

소유권 이전 건물
- 2007-11-08
- [redacted]
- 매매
- 96,000,000원

(근)저당 소멸기준 건물
- 2016-07-26
- [redacted]
- 216,000,000원
- (주택) 소액배당 6000 이하 2000
- (상가) 소액배당 3800 이하 1300

(근)저당 소멸 건물
- 2022-05-31
- [redacted]
- 298,800,000원

가압류 소멸 건물
- 2023-01-20
- [redacted]
- 7,808,658원

임의경매 소멸 건물
- 2023-05-25
- [redacted]
- 청구 : 156,281,777원

건물등기사항증명서

사건 관련 자료: 등기(집합) / 건축물대장 / 감정평가서 / 현황조사서 / 물건명세서 / 사건내역 / 기일내역 / 문건접수/송달 / 부동산표시

추가사진/지도: 추가사진보기 / 전자지도 / 이음지도 / 온나라지도

관련 시세 정보: 아파트실거래가 / 전월세거래가 / KB부동산시세 / 부동산테크시세 / 네이버부동산

기타 참고자료: 인근 진행물건 / 인근 매각물건 / 해당 번지사례 / 예상배당표 및 소유권 이전비용 / 입찰표 작성 / 주택/상가 임대차 보호법

가맹점모집 / 현장제보 / 이해관계인 요청 / 오류신고

출처 : 스피드옥션

1분 안에 20가지를 암기하자

물건 검색 20가지 암기 사항

① 주소	⑪ 권리분석
② 용도	⑫ 보존등기일
③ 대지권	⑬ 층수
④ 전용면적	⑭ 건축물대장
⑤ 매각대상	⑮ 감정평가서
⑥ 감정가	⑯ 현황조사서
⑦ 최저가	⑰ 매각물건명세서
⑧ 보증금	⑱ 전자지도
⑨ 사진	⑲ 지적편집도
⑩ 지적도	⑳ 로드뷰

물건 검색에서 꼭 보고 넘어가야 하는 정보는 총 20가지입니다. 하나의 경매 물건을 검색할 때, 이 20가지 내용을 확인하고 기억해야 합니다. 중요한 것은 반복 연습으로 1분 안에 검색과 기억까지 하도록 훈련하는 것입니다.

부동산 경매 투자는 지속하는 것이 중요합니다. 나중에 낙찰받고 바로 다음 물건을 경매 투자를 하려면 이 과정이 익숙해야 합니다. 매일 쏟아져 나오는 많은 양의 물건 중에서 내가 입찰할 물건을 골라내야 합니다.

하루에 150개의 물건 검색을 훈련합니다. 처음 하면 꽤 많은 양입니다. 힘들면 물건 검색 수를 차근차근 늘려가도 됩니다. 중요한 것은 매일 꾸준히 해야 합니다.

출처 : 스피드옥션

주소, 용도

해당 경매 물품의 주소를 기억합니다. 시, 구, 동, 층, 호수 등을 구체적으로 기억해야 합니다. 용도도 아파트, 상가 등으로 기억합니다.

대지권, 전용면적

이 물건은 현재 대지권 대략 9평, 전용면적 18평입니다. 대지권을 확인해야 하는 이유는 대지 지분이 높을수록 부동산의 값이 증가하기 때문입니다. 대지권 비율이 얼마나 되는지도 확인합니다. 대지 지분이 클수록 토지가 넓다는 뜻이므로, 토지 가격이 높다는 의미입니다.

매각대상

'토지/건물일괄매각'인지 확인합니다. 토지만 매각하거나 건물만 매각하는 경우도 있습니다. 이를 모르고 경매에 참여했다가 토지나 건물만 낙찰받을 수도 있습니다. 이 부분은 반드시 확인해야 합니다.

감정가

내가 보는 경매 물건의 감정가는 현재 시세와 다를 수 있습니다. 하지만 대략적인 기준이 되므로 시세 조사 때 사용 가능한 정보입니다.

최저가

최저가는 '최소한 이 금액 이상으로 입찰가를 적어내라'라는 의미입니다. 아무도 입찰하지 않아서 한 번씩 유찰될 때마다 가격은 계속 낮아집니다. 입찰가 작성과 관련 있으니 꼭 확인해야 합니다.

보증금

보증금은 일반적으로 최저가의 10%입니다. 감정가의 10%가 아닙니다. 최저가의 10%입니다. 재매각 사건이나 특별한 경우 20%인 경우도 있으니 주의해야 합니다. 보증금을 잘못 제출해서 무효가 되는 경우도 종종 있습니다. 감정가, 최저가, 보증금은 같이 기억하는 게 좋습니다.

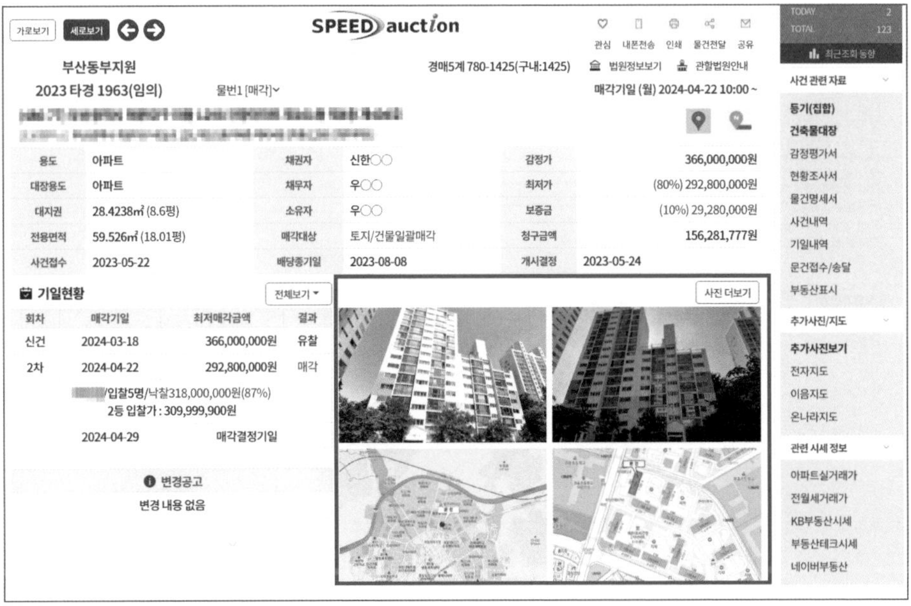

출처 : 스피드옥션

사진

사진으로 경매 물건의 외관이 어떤지 살펴봅니다. 신축인지 구축인지, 사람들이 보기에 어떤 느낌인지 확인합니다. 입찰하려는 물건이면 현장 조사 때 사진과 비슷한 느낌인지 다른 느낌인지 파악하면 됩니다.

지적도

아파트라면 단지 규모, 주변의 시설과 환경 등을 살펴봅니다. 상가라면 배후 수요가 많은지 적은지 살펴보고, 유동 인구도 예측합니다.

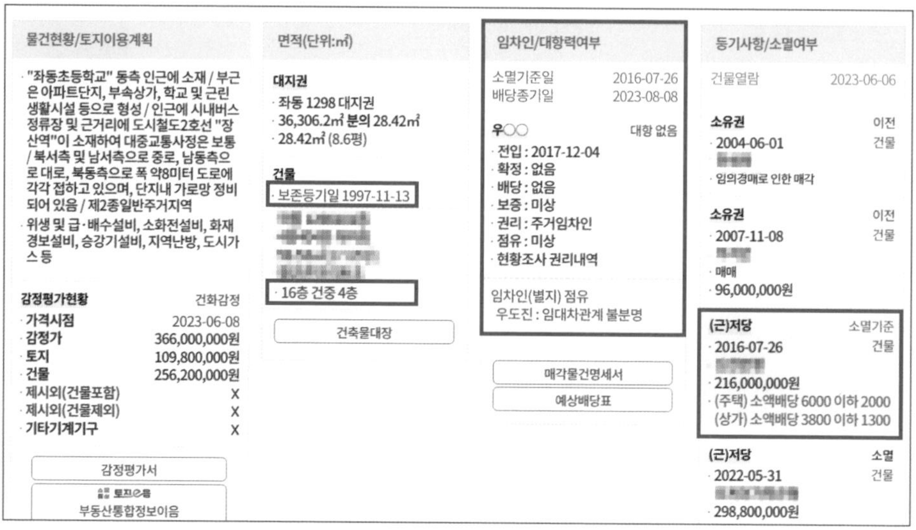
물건현황/토지이용계획

· "좌동초등학교" 동측 인근에 소재 / 부근은 아파트단지, 부속상가, 학교 및 근린생활시설 등으로 형성 / 인근에 시내버스 정류장 및 근거리에 도시철도2호선 "장산역"이 소재하여 대중교통사정은 보통 / 북서측 및 남서측으로 중로, 남동측으로 대로, 북동측으로 폭 약8미터 도로에 각각 접하고 있으며, 단지내 가로망 정비되어 있음 / 제2종일반주거지역

· 위생 및 급·배수설비, 소화전설비, 화재경보설비, 승강기설비, 지역난방, 도시가스 등

감정평가현황 건화감정

· 가격시점 2023-06-08
· 감정가 366,000,000원
· 토지 109,800,000원
· 건물 256,200,000원
· 제시외(건물포함) X
· 제시외(건물제외) X
· 기타기계기구 X

감정평가서

토지e음 부동산통합정보이음

면적(단위:㎡)

대지권
· 좌동 1298 대지권
· 36,306.2㎡ 분의 28.42㎡
· 28.42㎡ (8.6평)

건물
· 보존등기일 1997-11-13
· 16층 건중 4층

건축물대장

임차인/대항력여부

소멸기준일 2016-07-26
배당종기일 2023-08-08

우○○ 대항 없음
· 전입 : 2017-12-04
· 확정 : 없음
· 배당 : 없음
· 보증 : 미상
· 권리 : 주거임차인
· 점유 : 미상
· 현황조사 권리내역

임차인(별지) 점유
우도진 : 임대차관계 불분명

매각물건명세서

예상배당표

등기사항/소멸여부

건물열람 2023-06-06

소유권 이전
· 2004-06-01 건물
· 임의경매로 인한 매각

소유권 이전
· 2007-11-08 건물
· 매매
· 96,000,000원

(근)저당 소멸기준
· 2016-07-26 건물
· 216,000,000원
· (주택) 소액배당 6000 이하 2000
(상가) 소액배당 3800 이하 1300

(근)저당 소멸
· 2022-05-31 건물
· 298,800,000원

출처 : 스피드옥션

권리분석

말소기준권리를 찾고, 임차인을 확인합니다. 추가적으로 들어갈 비용이 있는지만 확인하면 됩니다. 권리분석에 많은 시간을 소비하면 안 됩니다. 5초 이내로 끝내고 다음으로 넘어갑니다.

보존등기일

연식을 확인합니다. 부동산이 얼마나 오래되었는지 구축인지 신축인지 확인할 수 있습니다. 보이는 물건의 보존등기일은 1997년이므로 27년 정도 된 부동산임을 알 수 있습니다.

층수

전체 층과 해당 물건의 층을 확인하여 로얄층 여부를 파악합니다. 일반적으로 고층을 더 선호합니다.

건축물대장

■ 건축물대장의 기재 및 관리 등에 관한 규칙 [별지 제5호서식] <개정 2023. 8. 1.>

집합건축물대장(전유부, 갑)

(2쪽 중 제1쪽)

건물ID	2220041360080967	고유번호	2635010700-3-12980000	명칭	[redacted]	호명칭	[redacted]
대지위치	[redacted]	지번	1298	도로명주소	[redacted]		

전유부분					소유자현황			
구분	층별	※구조	용도	면적(㎡)	성명(명칭) / 주민(법인)등록번호 (부동산등기용등록번호)	주소	소유권 지분	변동일자 / 변동원인
주	4층	철근콘크리트벽식	공동주택(아파트)	59.526	[redacted]	[redacted]	1/1	2022.5.31.
		- 이하여백 -			[redacted]			등기명의인표시변경
공용부분						- 이하여백 -		
구분	층별	구조	용도	면적(㎡)		※ 이 건축물대장은 현소유자만 표시한 것입니다.		
부	지2	철근콘크리트	중간기계실	0.443				
부	지2	철근콘크리트	전기실	0.24				

이 등(초)본은 건축물대장의 원본 내용과 틀림없음을 증명합니다.

발급일자: 2024년 2월 28일

해운대구청장 해운대구청장인 (직인)

담당자:
전 화:

※ 경계벽이 없는 구분점포의 경우에는 전유부분 구조란에 경계벽이 없음을 기재합니다.

297㎜×210㎜[백상지 (80g/㎡)]

출처 : 스피드옥션

'건축물대장'에서는 위반건축물 유무만 확인하시면 됩니다. 위반건축물 표시가 있다면 물어줄 돈이 '있다'고 생각하면 됩니다. 입찰하기로 했으면 전화로 관련 내용을 확인해야 합니다.

감정평가서

감 정 평 가 서

APPRAISAL REPORT

건 명:	[redacted] 소유물건(2023타경1963)
의 뢰 인:	부산지방법원 동부지원 사법보좌관 [redacted]
감정평가서번호:	B2305-1-3002

이 감정평가서는 감정평가 의뢰목적 외의 목적에 사용하거나 타인(의뢰인 또는 제출처가 아닌 자)이 사용할 수 없을 뿐 아니라 복사, 개작(改作), 전재(轉載)할 수 없으며 이로 인한 결과에 대하여 감정평가법인등은 책임을 지지 않습니다.

출처 : 스피드옥션

'감정평가서'는 가장 밑부터 올라가면서 살펴봅니다. 왜냐하면 아래쪽부터 가치 있는 정보가 나오기 때문입니다. 사진과 구조를 보면서 남향인지, 방 개수는 몇 개인지 등을 확인하면 됩니다.

현황조사서

현황조사서

※ 본 문서는 현재시점과 차이가 있을 수 있으므로 입찰전 반드시 확인후 입찰하시기 바랍니다.

법원	부산동부지원	명령회차	1✔회

기본정보

사건번호 : 2023타경1963 부동산임의경매 **조사일시 :** 2023년05월30일 2023년05월31일 2023년06월01일

번호	소재지	임대차관계
1	[illegible]	1명

전경도 2건 (사진보기)

부동산의 현황 및 점유관계 조사서

소재지	[illegible]
점유관계	임차인(별지)점유
기타	1. 폐문으로 거주자 등을 만날 수 없었음.(조사취지를 알리는 안내문을 현관문에 꽂아두고 왔으나 연락이 없었음). 2. 이 사건 부동산소재지에 우도진세대 만이 전입신고 되어 있었음. 3. 점유 및 임대차 여부를 알 수 없으므로 별도의 확인을 요함.

임대차관계조사서

1. 임차 목적물의 용도 및 임대차 계약등의 내용

[illegible]				
1	점유인	[illegible]	당사자구분	[illegible]
	점유부분	미상	용도	주거
	점유기간	미상		
	보증(전세)금	미상	차임	미상
	전입일자	2017.12.04	확정일자	미상

출처 : 대한민국법원 법원경매정보

'현황조사서'는 실제 현장 방문으로 확인한 사실을 적어 놓았습니다. 주로 점유자 관련 내용이 적혀 있습니다. '소유자가 살고 있더라' 또는 '임차인이 살고 있더라' 정도로 확인하고 넘어가면 됩니다.

매각물건명세서

부산지방법원 동부지원

2023타경1963

매각물건명세서

사 건	2023타경1963 부동산임의경매	매각 물건번호	1	작성 일자	2024.03.19	담임법관 (사법보좌관)	[redacted]
부동산 및 감정평가액 최저매각가격의 표시	별지기재와 같음	최선순위 설정	2016.07.26. 근저당권			배당요구종기	2023.08.08

부동산의 점유자와 점유의 권원, 점유할 수 있는 기간, 차임 또는 보증금에 관한 관계인의 진술 및 임차인이 있는 경우 배당요구 여부와 그 일자, 전입신고일자 또는 사업자등록신청일자와 확정일자의 유무와 그 일자

점유자 성 명	점유 부분	정보출처 구 분	점유의 권 원	임대차기간 (점유기간)	보 증 금	차 임	전입신고 일자·외국인 등록(체류지 변경신고)일자·사업자등록신청일자	확정일자	배당 요구여부 (배당요구일자)
[redacted]	미상	현황조사	주거 임차인	미상	미상	미상	2017.12.04	미상	

<비 고>

[redacted]:임대차관계 불분명

※ 최선순위 설정일자보다 대항요건을 먼저 갖춘 주택·상가건물 임차인의 임차보증금은 매수인에게 인수되는 경우가 발생 할 수 있고, 대항력과 우선변제권이 있는 주택·상가건물 임차인이 배당요구를 하였으나 보증금 전액에 관하여 배당을 받지 아니한 경우에는 배당받지 못한 잔액이 매수인에게 인수되게 됨을 주의하시기 바랍니다.

등기된 부동산에 관한 권리 또는 가처분으로 매각으로 그 효력이 소멸되지 아니하는 것

매각에 따라 설정된 것으로 보는 지상권의 개요

출처 : 스피드옥션

가처분
경매 전 해당 부동산을 다른 사람에게 양도하거나 처분하지 못하도록 하는 절차다.

매각물건명세서는 '여기 적힌 내용은 판사가 책임진다'는 내용의 서류입니다. 즉, '적힌 내용 중에 오류가 있거나 잘못 기입된 사항이 있으면 환불을 보장합니다'라는 의미입니다. 따라서 이 매각물건명세서를 기준으로 나중에 문제가 있으면 매각불허가 신청도 가능합니다. 특히 '등기된 부동산에 관한 권리 또는 **가처분**으로 매각으로 그 효력이 소멸되지 아니하는 것'이라는 항목에 내용이 적혀 있으면 주의 깊게 봐야 합니다.

전자지도

출처 : 스피드옥션

전자지도 오른쪽 상단의 축척 마이너스 버튼을 3번 누릅니다. 이때 보이는 지도 영역의 범위가 그 주변의 입지라고 생각하면 됩니다.

걸어서 다닐 수 있는 최대 거리에 무엇이 있는지 확인합니다. 그리고 전체적으로 입지와 동네 시설 등을 눈에 담으면 됩니다. 이 정도 위치면 근처 지하철이나 학교 등의 거리가 몇 분이나 소요되는지 확인합니다. 이렇게 지도를 보면서 주변 환경과 입지를 잘 파악해야 합니다.

지적편집도

출처 : 스피드옥션

지적편집도 화면입니다. 경계, 개발, 용도 등을 확인하면서 주변 환경 및 도시계획 등을 파악합니다. 주식을 배울 때는 기본 차트에 익숙해져야 하듯이 부동산 투자는 지도와 친해져야 합니다. 토지 용도를 확인하는 것은 기본 중의 기본입니다. 지적편집도를 통해서 제1, 2, 3종 일반주거지역과 준주거지역 등을 볼 수 있습니다.

그러나 지금 단계에서는 자세하게 알 필요는 없습니다. 주거지역은 노란색, 상업지역은 분홍색, 공업지역은 파란색, 녹지지역은 녹색, 이렇게만 알고 있어도 충분합니다.

로드뷰

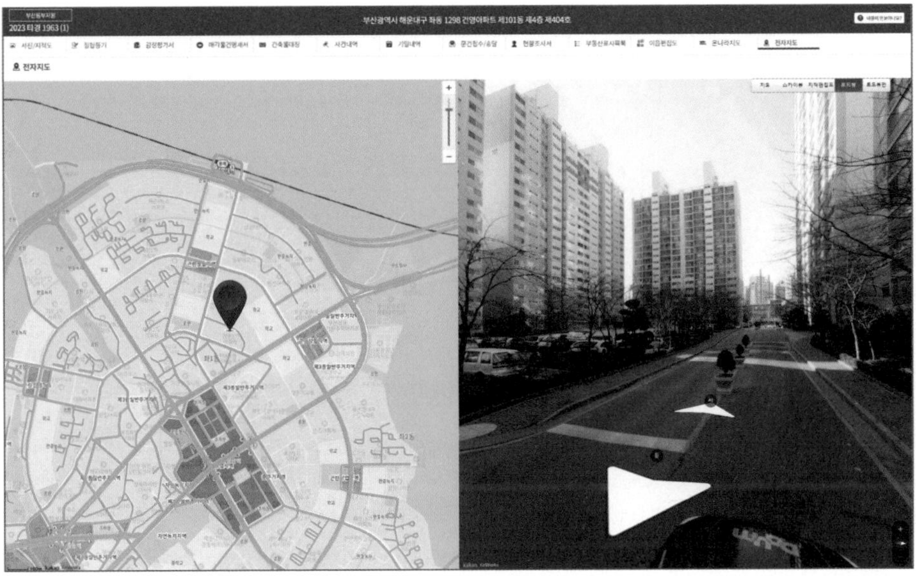

출처 : 스피드옥션

로드뷰 화면입니다. 아직 파악이 덜 되었다 싶으면 이 화면까지도 클릭해서 주변 환경을 살펴보면서 마무리해봅시다.

팁을 하나 드리면 '1분'을 기준으로 잡고 검색하는 것입니다. 1분이 지나면 바로 다음 물건으로 넘어갑니다. 20가지를 다 보지 못하였더라도 그냥 넘어갑니다. 이런 식으로 계속 연습합시다. 며칠, 몇 주, 몇 달이 지나면 분명히 달라집니다. 어느새 빨라진 자신의 물건 검색 속도에 스스로 놀랄 겁니다.

4단계

부동산 경매 투자의 기본

권리분석으로

경매를 이해해라

경매는 채무자가 채권자에게 빌린 돈을 돌려주지 못할 때 발생합니다. 이런 상황이 되면 누군가 나서야 문제가 해결됩니다. 채무자가 담보로 설정한 자본을 사줘야만 빚을 해결할 수 있기 때문입니다. 여기서 누군가에 해당하는 사람이 바로 경매 투자자입니다.

채무 관계 해결
경매에서 채무 관계 해결의 핵심은 새로운 투자자를 유입하는 것이다. 이를 위해 경매에서는 투자 유입 활성화를 위해 다양한 장치를 마련하고 있다.

이처럼 경매에는 4명의 등장인물이 있습니다. 바로 '법원, 채권자, 채무자, 경매 투자자'입니다. 이렇게 4명은 각자 입장이 다릅니다. 법원, 채권자, 채무자는 채무 관계 해결이 목적입니다. 그래서 물건을 어떻게든 빠르고 비싸게 팔아야 합니다. 낙찰금을 받아야 채무 관계가 해결되기 때문입니다.

하지만 경매 투자자는 그럴 필요가 없습니다. 물건이 마음에 들지 않으면 사지 않으면 그만이기 때문입니다. 그래서 경매 시스템에는 경매 투자자가 물건을 사도록 유도하는 장치가 마련되어 있습니다.

경매 투자자를 유도하는 장치

첫째, 유찰을 통해 경매 물건을 대폭 할인합니다. 둘째, 법원에서 경매 물건 현황을 의무적으로 공시합니다. 예를 들어 매각물건명세서에 하자가 있을 경우 낙찰 후에도 매각불허가 결정이 내려집니다. 그만큼 경매 투자자는 경매 물건 관련 정보를 얻을 수 있습니다. 셋째, '인도명령' 제도로 경매 투자자의 명도를 합법적으로 돕습니다.

매각불허가
매각 허가 결정이 나더라도 이후 매각물건명세서상에 하자가 발견될 경우 매각불허가 신청을 할 수 있다.

인도명령
법원에서는 낙찰자가 부동산을 합법적으로 명도할 수 있도록 강제집행 절차를 마련하고 있다.

경매 투자자는 위와 같은 상황을 잘 이용해야 합니다. 부동산 경매는 적절한 입찰가만 계산한다면 언제든 수익이 가능한 구조입니다. 문제는 '어떻게 적절한 입찰가를 계산할 수 있는가'입니다.

적절한 입찰가를 계산하기 위해 필요한 세 가지 활동이 있습니다. 바로 권리분석, 시세 조사, 현장 조사입니다.

권리분석으로 내 돈을 지키자

근저당
해당 부동산을 담보로 대출받은 경우다. 대출 원금이나 이자를 기한 내에 상환하지 않으면 채권자가 담보 물건을 경매 신청할 수 있다. 임차인인 경우 해당 부동산 등기부등본에 근저당이 설정되었는지 꼭 확인하고 들어가야 나중에 보증금을 안전하게 돌려받을 수 있다.

임차권
임차권은 말소기준권리 전후에 있는지, 우선변제권, 최우선변제권이 있는지에 따라 달리 적용한다.

말소기준권리
경매로 낙찰받았을 때 등기부등본상 말소기준이 되는 권리를 찾아야 한다. 근저당, 담보가등기, 가압류, 압류, 경매 개시 결정 등 유료 경매 사이트에서는 이 작업을 알아서 한 뒤 보기 편하게 표기하고 있다.

권리분석은 낙찰자가 해당 경매에서 아무 문제 없이 권리적으로 깨끗한 물건을 소유할 수 있는지 판단하는 것입니다. 투자자가 경매로 낙찰받으면 입찰보증금을 제외한 잔금을 일정 기간 내에 납부해야 합니다. 이 잔금을 납부하면 부동산의 소유권은 온전히 낙찰자에게 넘어옵니다.

하지만 어떤 경매 물건에는 소유권을 제외한 그 외 부동산 관련 제3자의 권리가 남아있기도 합니다. 채권자, 채무자와 관련된 권리라고 생각하시면 됩니다. 이 권리가 깨끗하게 정리되지 않고 낙찰자에게 넘어온다면 곤란해집니다. 그래서 경매 투자자는 입찰 전에 이것을 반드시 판단해야 합니다.

만약 누군가의 권리가 지워지지 않았다면 낙찰자가 이제 소유자로서 그에 대한 책임을 져야 합니다. 예를 들어 부동산을 담보로 돈을 빌린 근저당이 남은 경우가 있습니다. 또한 유치권, 임차권에 문제가 있을 수도 있습니다. 이처럼 부동산 경매 투자를 하려면 경매 물품의 이런 권리 상황을 분석할 줄 알아야 합니다. 만약 권리가 남아있다면 어떻게 지울 수 있는지 판단할 수 있어야 합니다. 그래서 권리분석 중 가장 처음 배우는 것이 '말소기준권리'를 찾는 것입니다.

채무자의 자산을 경매로 처분하려는데 다른 사람의 여러 권리가 남아있으면 아무도 사려고 하지 않을 것입니다. 그래서 말소기준권리가 존재합니다. 말소기준권리는 이 권리부터 이후의 권리 모두 소멸된다는 것을 의미합니다.

말소기준권리로 등기부등본 이해하기

말소기준권리의 종류는 다양합니다. 임의경매에서는 근저당, 담보가등기가 있고, 강제경매에서는 가압류, 압류, 경매 개시 결정 등이 있습니다. 아직 무슨 말인지 이해가 가지 않아도 괜찮습니다. 유료 경매 사이트에 모두 표시되어 있습니다.

중요한 것은 누가 경매를 요청했는지, 왜 경매로 넘어갔는지와 상관없이 경매가 시작되면 가장 오래된 날짜의 권리가 말소기준이 된다는 것입니다. 말소 즉, 사

임의경매
임의경매는 물권을 가지고 있는 사람이 신청한 경매다. 소송으로 승소 판결 없이도 쉽게 해결된다. 대표적으로 채무자가 은행에 돈을 안 갚은 경우 은행이 담보를 경매로 넘기는 경우다.

강제경매
강제경매는 채권자가 자신의 채권이 변제받을 수 있다는 사실을 증명하는 집행권원이 있어야 신청 가능한 경매다. 일반적으로 판결문을 받아서 진행하는 경매를 말한다. 집행권원으로는 이행판결문, 화해조서, 이행권고결정문, 지급명령결정문 등이 있다.

경매 개시 결정
채권자가 집행권원으로 법원에 강제경매를 신청하면 법원은 심사 후 경매 개시 결정을 등기소에 통보한다. 등기부상에 등록이 되며 경매개시결정기입등기로 표기된다.

라지는 기준이고 시작점 권리라고 머릿속에 담아두시면 됩니다. 앞으로 경매 물건을 보면 권리분석을 위해서 무엇이 말소기준권리인지 파악하는 것이 중요합니다. 이건 등기부등본을 확인해서 모든 권리를 날짜별로 정리하고 파악해야 합니다. 하지만 요즘 유료 경매 사이트에서는 이런 과정을 자체적으로 하고 말소기준권리를 알아서 표시해놓고 있습니다.

임차보증금 반환 채권
낙찰자는 「주택임대차보호법」에 의거하여 경매 후에도 임차인의 권리를 인수해야 하는 경우가 있다.

물권
물건을 타인의 아무런 행위도 거치지 않고 지배할 수 있는 권리를 말한다. 종류로는 점유권, 소유권, 지상권, 지역권, 전세권, 유치권, 질권, 저당권이 있다

등기부등본이나 유료 경매 사이트에서 말소기준권리를 찾을 수 있습니다. 실제로 경매 물건을 검색해보시고 말소기준권리를 찾거나 명시되어 있는 것을 확인해보시기 바랍니다.

임차인으로 변제를 이해하자

사실 경매 투자자 입장에서 위험한 것은 바로 등기부등본에 나타나 있지 않은 채권들입니다. 대표적인 것이 경매로 나온 부동산에 살고 있는 전월세 임차보증금 반환 채권입니다. 경매가 끝나면 보증금과 관련된 계약은 전 소유자와의 계약이 됩니다. 낙찰받은 사람이 새로운 부동산 주인이기 때문입니다.

하지만 이 권리가 「주택임대차보호법」과 만나면 대항력을 가지게

됩니다. 채권임에도 불구하고, 등기에 적힌 물권과 같은 역할을 해서 임차인이 낙찰자에게 대항할 수 있는 힘을 가지게 되는 것입니다.

계약, 인도, 전입신고

대항력을 가지기 위해서는 조건이 있습니다. 다음을 잘 알아두시기 바랍니다. '계약, 인도, 전입신고'입니다. 외우기 쉽게 '계인전'이라고 말해보시기 바랍니다. 임차인이 대항력을 가지려면 첫째, 임대차 계약서가 있어야 하고 둘째, 집을 인도받아 점유하고 있어야 하며 셋째, 전입신고를 해야 합니다. 이 세 가지 조건을 모두 만족해야 대항력을 가질 수 있습니다. 한 가지라도 부족하면 대항력은 없습니다.

이는 경매 투자자뿐 아니라 임차인들도 잘 알아둬야 하는 내용입니다. 전입신고는 곧바로 하는 것이 중요합니다. 그렇지 않으면 말소기준권리보다 늦어질 수 있고, 날짜에 따라 대항력도 없어지기 때문입니다. 뉴스에도 나오듯이 세입자가 전입신고를 하기 전에 집주인이 해당 부동산으로 대출을 받고 임차보증금도 받는 경우가 있습니다.

원래 집주인은 대출을 받으면 전세보증금으로 은행에 상환해야 하는데 그렇게 하지 않고 악의적으로 돈을 챙기는 겁니다. 이러면 나중에 경매로 넘어갔을 때 임차인이 보증금을 받을 방법이 없습니다. 금융기관보다 후순위가 되기 때문입니다.

권리분석 방법

권리분석에서는 다음 내용을 기억하면 됩니다. 첫째, 해당 경매 물건의 말소기준권리를 찾습니다. 둘째, 임차인이 있다면 대항력이 있는지 판단합니다. 지금부터 권리분석을 연습해보겠습니다.

권리분석을 실제로 연습하자

권리분석 1

- 말소기준권리 : 2023년 5월 20일
- 전입신고일자 : 2023년 5월 10일

→ 임차인에게 대항력이 있을까?

말소기준권리가 2023년 5월 20일입니다. 임차인의 전입신고일이 2023년 5월 10일입니다. 답은 전입신고일이 말소기준권리보다 빠르니까 대항력이 있습니다. 권리분석에서 대항력이 있는 임차인이라면 낙찰자 입장에서는 주의해야 합니다. 낙찰자가 낙찰금 이외의 돈으로 임차보증금을 물어줘야 할 수도 있기 때문입니다. 3억 원짜리 집을 경매로 2억 원에 낙찰받았는데 물어줘야 하는 보증금이 2억 원이 될 수도 있는 것입니다. 그럼 결과적으로 3억 원짜리 집을 4억 원에 매입하게 됩니다.

따라서 경매 투자가 처음이라면 굳이 대항력이 있는 물건을 고를 필요가 없습니다. 일반적으로 권리상 대항력이 없는 깨끗한 물건이 경매에는 더 많이 있습니다. 이런 물건으로도 충분히 수익이 나기 때문에 위험한 물건에 처음부터 뛰어들지는 않는 것이 좋습니다. 그럼 또 다른 예시를 들어보겠습니다.

권리분석 2

- 말소기준권리 : 2023년 7월 15일
- 전입신고일자 : 2023년 7월 20일

→ 임차인에게 대항력이 있을까?

다음 문제입니다. 말소기준권리가 2023년 7월 15일입니다. 임차인의 전입신고일이 2023년 7월 20일입니다. 대항력이 있을까요? 없습니다. 왜냐하면 전입신고일이 말소기준권리보다 늦기 때문입니다. 이런 대항력이 없는 물건은 권리분석이 바로 '끝'입니다. 그냥 시세 조사만 잘해서 시세 차익이 가능한 가격으로 입찰하시면 됩니다.

만약 낙찰받는다면 잔금 납부 후에는 소유권이 낙찰자로 넘어오고 모든 권리가 말소됩니다. 대항력이 없다면 이처럼 권리분석은 쉽게 끝납니다. 이런 경우에는 명도도 쉽게 해결될 가능성이 높습니다.

대항력이 있는 임차인 상대법

배당요구종기일
이해관계인이 경매 배당을 원한다면 배당요구종기일 전에 배당 요구를 신청해야 한다.

확정일자
임대차 계약서에 확정일자 도장을 받으면 된다. 주민센터, 공증사무소, 법원등기과, 등기소 등에 방문하여 받을 수 있다. 확정일자가 있어야 임차인은 우선변제권을 가질 수 있다.

임차인은 대항력이 있다면 선택이 가능합니다. 경매 이후 낙찰자에게 소유권이 넘어가면 전 소유자와 했던 기존 계약대로 계속 살아도 됩니다. 아니면 보증금을 받고 나갈 수도 있습니다.

낙찰자는 임차인이 계속 부동산에서 산다고 하면, 기존 계약 기간을 보장해야 합니다. 계약 종료 시에는 보증금도 반환해야 합니다. 만약 임차인이 보증금을 받고 나가기를 원한다면 임차인 스스로 배당요구종기일 전에 배당 신청을 하면 됩니다. 이때 임차인이 낙찰금에서 해당 보증금을 모두 돌려받는다면 낙찰자와 임차인과의 이해관계도 모두 해결됩니다. 이런 경우는 낙찰자 입장에서 명도까지 깔끔하게 처리될 수 있습니다.

하지만 대항력 있는 임차인이 배당 신청을 했음에도 배당 순서가 느려서 보증금을 모두 받지 못하는 경우도 있습니다. 이렇게 되면 낙찰자가 못 받은 돈을 추가로 모두 물어줘야 합니다. 그리고 임차인은 이 돈을 받을 때까지 부동산을 점유할 수 있습니다.

대항력 있는 임차인이 배당 신청을 했을 때 보증금을 모두 돌려받을 수 있는지 여부는 확정일자를 살펴보시면 됩니다. 전입신고와 확정일자는 서로 다른 개념이니 헷갈리면 안 됩니다. 확정일자를 기준으로 경매 물건의 배당 순위를 확인할 수 있습니다. 그러면 임차인이 배당에서 보증금을 모두 돌려받을 수 있는지 아닌지를 확인 가능합니다.

낙찰금 외의 추가 비용이 있는가

경매에서 권리분석이라 하는 것은 단순합니다. 그냥 낙찰자 입장에서 물어줄 돈이 있는지 없는지를 정확하게 확인하는 것입니다. 조금 더 경매 용어로 바꾸면 권리가 소멸되는지 아니면 낙찰자가 인수해야 하는지 판단하는 것입니다. 앞서 말씀드린 대로 정확히 이해하고 기준만 확실히 알면 권리분석은 경매를 접하기 전에 생각했던 것처럼 어렵지 않고 시간도 오래 걸리지 않습니다. 경매 투자 전에 권리분석을 많이들 두려워하시는데 쉽게 생각하고 접근하시면 됩니다.

압류
채권자가 채무자의 재산 이동을 제한하고 처분하는 절차다. 압류는 집행권원이 필요하다. 이후 환가 절차를 통해 채무자의 재산을 처분한다.

가압류
채권자가 채무자의 재산 이동을 제한하는 절차다. 집행권원이 없어도 가능하며 차용증 등 소명자료만 있어도 실행 가능하다.

권리분석의 핵심은 투자다

등기부등본 파악하기

부동산의 등기부등본은 사람으로 생각하면 호적등본 같은 것입니다. 등기부등본으로 부동산 용도, 토지 면적, 소유자, 은행 대출 여부, 압류 및 가압류 여부 등을 확인할 수 있습니다.

저당권
해당 부동산을 담보로 특정 액수만큼 돈을 받을 수 있는 권리를 말한다. 후순위 채권자보다 먼저 돈을 돌려받을 수 있다.

담보가등기
부동산을 담보로 돈을 빌리면서 가등기를 설정하는 것이다. 채무자가 돈을 갚지 못하면 채권자는 해당 담보를 경매 신청하거나 가등기를 본등기로 이전하여 소유권을 취득할 수 있다..

등기부등본에 압류나 가압류 또는 저당권 등이 설정되어 있으면 상당히 복잡해 보입니다. 그때는 이런 권리들이 모두 말소가 되는지, 아니면 이 중에 일부라도 내가 인수해야 할 것이 있는지를 판단해야 합니다. 이 같은 작업이 등기부등본에서 할 수 있는 권리분석입니다.

일반적으로 권리분석은 제일 먼저 말소기준권리를 찾아야 합니다. 등기부등본에서 말소기준권리가 될 수 있는 것은 압류, 가압류, 저당권, 근저당권, 담보가등기 이렇게 5가지입니다. 이를 순서대로 나열한 다음 가장 빠른 권리를 찾으면 그것이 바로 말소기준권리가 된다고 생각하면 됩니다. 그러면 말소기준권리를 포함해서 아래는 모두 말소되고 위로는 인수됩니다. 이렇게 하는 것이 권리분석 작업입니다. 그런데 우리는 권리분석가가 아닌 투자자입니다. 부동산 투자자는 권리분석만 하는 게 아니라 효율적인 투자를 해야 합니다.

권리분석의 목표는 수익 창출이다

권리분석을 할 때는 목표를 항상 생각해야 합니다. 바로 돈을 버는 것입니다. 세세한 권리분석은 이미 유료 사이트에 모두 게시되어 있습니다. 이를 보고 활용하면 되는 것입니다. 특히 매각물건명세서에는 앞서 설명한 권리분석의 모든 내용이 명시되어 있습니다.

매각물건명세서는 어떤 부동산 관련 경매가 들어왔을 때 법원에서 이런저런 위험이 있으니 조심하라고 조사한 것입니다. 부동산 투자자는 그 내용을 보면서 경매 물건을 판단할 수 있습니다.

매각불허가 신청
매각 허가 결정 때 매각물건명세서에서 문제를 발견하면 매각불허가 신청을 할 수 있다. 매각물건명세서는 법원에서 보증하는 서류이므로 권리분석 때 꼭 살펴봐야 한다.

경매 사건의 매각물건명세서를 보시면 '등기된 부동산에 관한 권리 또는 가처분으로 매각으로 효력을 소멸되지 아니하는 것'이라는 문구가 나와 있습니다. 매각물건명세서의 공지가 틀렸다면 이는 '매각불허가 신청'이 가능합니다. 낙찰받아도 취소를 할 수 있다는 뜻입니다. 그래서 최종적으로 권리분석은 매각물건명세서를 확인하는 작업으로 마무리해야 합니다. 매각물건명세서에서 '소멸되지 아니하는 것'이 빈칸으로 되어 있거나 '해당 사항이 없음'이라고 되어 있으면 인수할 권리가 없다는 의미입니다. 특별한 문제가 없다는 것입니다.

이런 물건을 낙찰받아 잔금을 치르고 등기를 완료하면 등기부등본에서 지저분한 권리들이 빨간 줄로 그어지고 모두 말소됩니다. 그래서 처음이라면 이런 안전한 경매 물건만 입찰하는 것을 추천합니다. 굳이 위험부담이 있는 물건에 입찰할 필요는 없습니다. 스트레스 없이 쉽게 버는 것도 중요한 투자 포인트입니다.

판단이 안 서는 물건은 피해라

권리분석 도중 모르는 말이 있다면 주로 특수물건인 경우가 많습니다. 이런 경우 일반 물건보다는 경쟁률이 낮습니다. 덕분에 낙찰가가 더 낮을 수 있습니다. 따라서 내가 해결 가능한 물건인지 미리 알아보고 판단하는 노력이 필요합니다.

하지만 이런 특수물건은 많지 않습니다. 전체 경매 물건 중에서 일반 물건이 80%~90% 정도에 가깝습니다. 이 중에서도 충분히 수익 실현이 가능합니다. 최대한 많은 물건을 찾아보고 권리분석을 해봅시다. 유료 경매 사이트를 이용하는 것도 좋은 방법입니다.

임대차보호법으로 내 돈을 지켜라

임대차보호법은 말 그대로 임차인을 보호하는 법입니다. 이는 크게 「주택임대차보호법」과 「상가건물 임대차보호법」으로 나눠집니다. 「주택임대차보호법」은 '주거용 건물의 임대차에 관하여 민법에 대한 특례를 규정함으로써 국민의 주거생활의 안정을 보장함을 목적'으로 만들어진 법이라고 「주택임대차보호법 제1조」에 나와 있습니다. 기본적으로 임차인을 위한 법이라는 의미입니다.

「상가건물 임대차보호법」은 '상가건물 임대차에 관하여 민법에 대한 특례를 규정하여 국민 경제생활의 안정을 보장함을 목적'으로 하는 법이라고 「상가건물 임대차보호법 제1조」에 나와 있습니다. 경매 투자자 입장에서는 「주택임대차보호법」과 「상가건물 임대차보호법」 둘 다 알아야 하는 법입니다.

「주택임대차보호법」은 민법의 전세권이나 임대차 계약의 규정들이 실제 생활의 현실과 동떨어진 면이 있다고 보고 만들어진 법입니다. 상대적으로 임차인들을 경제적 약자라 판단하는 기본 전제를 가집니다. 그래서 임차권자의 권리를 현행 민법으로 보호하기 어려운 면이 있다고 여겨서, 이를 보완하기 위한 취지에서 제정된 특별법이라고 보시면 되겠습니다.

「상가건물 임대차보호법」도 마찬가지로 영세 상인들의 안정적인 생업 종사를 돕고 과도한 임대료 인상을 방지하여 세입자의 권리를 보장하기 위한 것입니다. 사업자 등록의 대상이 되는 영업용 건물만 해당하며 상가 건물 임차인 중에서도 환산보증금이 일정 금액 이하인 영세 상인만 법에 적용을 받습니다. 간략하게 정리하면 이 법은 임차인을 보호하는데, 특히 소액임차인을 더 많이 보호해줍니다.

전세권
등기로 맺는 물권 계약이다. 다른 임차인에게 전전세나 월세를 주는 등의 수익 행위도 가능하다. 등록세, 지방교육세, 등록 수수료, 법무사 수수료 등을 추가로 지불해야 한다.

환산보증금
「상가건물 임대차보호법」의 환산보증금은 '보증금 + 월세 × 100'으로 계산한다. 지역마다 환산보증금에 따라 「상가건물 임대차보호법」 적용 기준이 다르다.

소액임차인
소액임차인은 서울특별시, 수도권, 광역시 등 지역에 따라 소액보증금 범위가 다르다. 예를 들어 서울의 경우 환산보증금이 6,500만 원 이하여야 최우선 변제금 2,200만 원을 보장받을 수 있다. 자신이 해당하는 지역을 찾아 소액임차인 적용 여부를 알아봐야 한다.

「상가건물 임대차보호법」은 보호하는 임차인의 범위를 정해놓고, 그 안에 해당하는 임차인만 보호해줍니다. 왜냐하면 경제적인 형평성을 고려했을 때 그렇게 해야 더불어 잘사는 사회가 될 수 있다는 취지에서입니다. 책에서는 예를 들기 쉽게 「주택임대차보호법」을 메인으로 다루겠습니다.

주택임대차보호법

「주택임대차보호법」과 관련하여 전세권과 전세 계약의 차이, 소액임차인 최우선변제 및 임차권등기에 대해 살펴보겠습니다.

전세권과 전세 계약

권리분석에서 전입신고는 대항력을 갖기 위한 조건 중 하나였습니다. 그런데 전세 계약을 할 때 전입신고만 하면 될까요? 아니면 전세권 설정도 같이 해야 할까요?

전세권은 단순 채무 관계의 채권이 아닌 물권으로 계약 기간 동안 실제 집 주인의 권한을 가지는 막강한 권리입니다. 따라서 이런 전세권 설정은 큰 힘을 가집니다.

그리고 전세권은 다른 사람에게 다시 전세를 주는 전전세가 가능

전세 계약
단순 임대차 계약으로 채권 계약이다. 부동산 중개수수료를 제외하고는 따로 비용이 들지 않는다.

임차권등기
임차인은 임대차 기간이 만료되어도 보증금을 돌려받지 못한 경우 법원에 임차권등기명령을 신청할 수 있다. 임차권등기명령에 따라 임차권등기가 되면 임차인이 해당 물건에서 이사를 가더라도 대항력과 우선변제권은 그대로 유지된다.

전전세
전세로 들어온 임차인이 해당 물건에 전세권을 설정하고 다른 임차인에게 다시 전세로 준 경우다. 임차인이 전세권으로 물권을 획득했기 때문에 가능한 계약이다.

선순위
임차인은 말소기준권리보다 전입신고일자가 빨라야 대항력을 갖춘 선순위 임차인이 될 수 있다.

합니다. 내부를 쪼개서 월세를 받을 수도 있습니다. 물론 집주인의 동의는 필요합니다. 또한 전세권은 이를 담보로 대출도 가능하며 제삼자에게 양도가 허락되기 때문에 정말 강력한 권리입니다.

실제 전세로 집을 내놓으면 세입자들이 전세권 설정을 요청하기도 합니다. 전세권 설정 이유를 물으면 그게 안전하다고 알고 있기 때문이라고 합니다. 하지만 세입자는 굳이 전세권 설정이 필요 없습니다. 전전세나 내부를 쪼갠 월세를 놓을 계획이 아니라면 말입니다.

세입자는 전세보증금을 지키는 것이 가장 중요합니다. 집주인에게 문제가 생겨도 우선적으로 보증금을 변제받을 수 있도록 우선변제권을 확보하는 것이 가장 중요합니다. 우선변제권은 임차인이 전입신고를 통해서 확정일자를 받아 대항력을 지니면 가질 수 있습니다. 따라서 임차인은 전입신고와 확정일자 받기가 제일 중요합니다. 전입신고와 확정일자 받기는 잔금을 낸 날 신청 가능하며 주민센터나 인터넷 등기소에서 신청할 수 있습니다.

여기서 중요한 포인트가 있습니다. 전입신고의 효력은 다음날 0시부터 발생하므로 최대한 빨리 신청하는 것이 좋습니다. 하루라도 미루지 않는 것이 안전합니다. 전입신고 전에 집주인이 대출한 뒤 근저당 등기가 먼저 작성된다면, 임차인은 선순위 자격을 놓치기 때문입니다.

권리분석 3

- 말소기준권리 : 2023년 10월 5일
- 전입신고일자 : 2023년 10월 5일

→ 임차인에게 대항력이 있을까?

권리분석과 관련한 문제를 하나 내보겠습니다. 주택을 담보로 대출을 받았는데 이 근저당이 말소기준권리라고 가정하겠습니다. 말소기준권리는 2023년 10월 5일이고 임차인의 전입신고는 2023년 10월 5일로 같은 날짜입니다. 그러면 대항력이 있을까요?

이 경우 임차인의 대항력은 없습니다. 왜냐하면 전입신고는 효력이 다음날인 2023년 10월 6일 0시에 발생하기 때문입니다. 말소기준권리인 근저당보다 하루 늦습니다. 임차인은 선순위가 아니라는 의미입니다. 이렇게 되면 부동산이 경매로 넘어갔을 때, 낙찰금에서 대출이 먼저 상환됩니다. 그러면 임차인이 보증금을 받을 확률이 매우 낮습니다.

구체적으로 감정가가 5억 원인 집에 세입자가 전세 3억 5,000만 원에 들어와 있습니다. 그런데 이미 전입신고 전에 이 집을 담보로 대출이 3억 5,000만 원을 받은 이력이 있습니다. 경매로 이 집이 4억 원에 낙찰된다면 이 낙찰금으로 대출 3억 5,000만 원이 먼저 변제되는 것입니다. 그럼 임차인의 보증금은 일부만 변제됩니다. 안타깝지만 경매 물건을 검색해보면 비슷한 상황의 물건들이 꽤 많이 있습니다.

정리를 해보면 임차인이 우선변제권을 얻는 방법은 전세권 설정과 전입신고 두 가지가 있습니다. 하지만 전세권 설정은 등기 비용 및 말소 비용이 들어가기 때문에 굳이 할 필요가 없습니다. 전입신고만으로도 대항력을 가지고 우선변제권을 얻을 수 있습니다. 또한 전입신고는 별도 비용도 없습니다. 그러나 전세권 설정은 꽤 많은 비용이 듭니다. 따라서 임차인이라면 돈을 지불하면서까지 전세권 설정을 하지 않아도 됩니다. 전세권 설정이 더 안전하다는 것은 잘못된 정보입니다.

이제 경매 물건을 볼 때 권리분석, 「주택임대차보호법」, 말소기준권리, 전입신고, 대항력, 우선변제권, 전세권 등을 같이 생각하면서 보시면 경매 투자에 큰 도움이 될 것입니다.

그다음은 소액임차인의 최우선변제입니다. 이 기준은 지역별로 다르고 낙찰가의 최대 1/2 금액만 변제됩니다. 이 내용을 포함해서 「주택임대차보호법」의 세부 사항을 좀 더 구체적으로 정리하겠습니다. 「주택임대차보호법」은 크게 세 가지를 생각하시면 됩니다. 대항력, 우선변제권, 최우선변제권입니다.

대항력

대항력이 대항 요건을 갖춰야 합니다. 그 요건이 계약, 인도, 전입신고입니다. 계약은 임대차 계약서를 작성하는 것이고, 인도는 임차인이 이사하여 집에 짐을 풀고 점유한다는 의미입니다. 마지막으로 주민센터에 가서 전입신고를 하면 모든 요건이 충족됩니다. 그리고 전입신고를 한 다음 날 0시에 임차인에게 대항력이 발생합니다.

인도를 9월 2일에 했고 전입신고를 9월 3일에 했다면, 대항력은 9월 4일에 발생합니다. 대항력은 계약의 존속을 주장할 수 있고, 보증금의 반환을 주장할 수 있는 엄청난 힘입니다.

예를 들어 임대인 A와 임차인 B가 있습니다. 이 둘은 임대차 계약을 전세 기간 2년, 전세보증금 1억 원으로 맺었습니다. 계약한 집으로 이사한 B는 전입신고를 한 뒤 살고 있었습니다.

그런데 임대인 A가 6개월 만에 매수인 C에게 집을 일반 매매로 매도했습니다. 이 경우 새로운 집주인 C가 임차인 B에게 나가달라고 말하면 B가 나가야 할까요? 당연히 나가지 않아도 됩니다. 이유는 대항력이 있기 때문입니다.

임차인 B는 '계약의 존속'을 주장할 수 있습니다. 전세 계약 기간이 2년이라면 2년 동안 살겠다고 주장할 수 있습니다. 보증금 역시 반환 요청할 수 있습니다. 전세 계약이 끝나는 날에 전세보증금 1억 원을 돌려달라고 주장할 수 있다는 것입니다.

다음은 경매 상황입니다. 임대인 A가 채권자에게 돈을 갚지 못해서 임대인 A의 집이 경매로 넘어갔습니다. 그리고 경매로 나온 이 집을 낙찰자 D가 낙찰받았습니다. 이때 임차인 B는 대항력이 있을까요?

정답은 '대항력이 있을 수도 있고, 없을 수도 있다'입니다. 일반 매매와 달리 경매에서는 '대항력이 있다, 없다'를 단정할 수 없습니다. 대항력의 유무는 말소기준권리에 따라 달라지기 때문입니다.

권리분석 4

- 말소기준권리 : 2023년 9월 1일
- 이사 온 날짜 : 2023년 9월 2일
- 전입신고일자 : 2023년 9월 3일

→ 임차인에게 대항력이 있을까?

앞의 상황을 다음과 같이 가정해봅시다. 해당 부동산의 등기부등본 말소기준권리를 찾았더니 은행으로 2023년 9월 1일에 근저당 설정이 있었습니다. 임대인 A가 이 집을 담보로 은행에서 대출받은 것입니다. 임차인 B는 2023년 9월 2일에 이사를 왔고 2023년 9월 3일에 전입신고를 했습니다. 그러면 대항력이 발생하는 날짜는 2023년 9월

4일 0시가 됩니다. 그럼 임차인 B의 대항력 발생일은 말소기준권리 날짜인 2023년 9월 1일보다 늦게 됩니다. 이 경우 임차인은 대항력이 없는 임차인이 됩니다. 이때 낙찰자 D가 임차인 B에게 나가라고 하면 임차인 B는 나갈 수밖에 없습니다.

권리분석 5

- 말소기준권리 : 2023년 9월 1일
- 이사 온 날짜 : 2023년 8월 2일
- 전입신고일자 : 2023년 8월 3일

→ 임차인에게 대항력이 있을까?

이번에는 상황을 다르게 가정하겠습니다. 해당 부동산에 2023년 9월 1일로 은행 근저당이 있었습니다. 임차인 B는 이사를 2023년 8월 2일에 왔고 전입신고를 2023년 8월 3일에 했습니다. 그럼 대항력이 발생하는 날짜는 2023년 8월 4일입니다. 말소기준권리는 2023년 9월 1일이기 때문에 말소기준권리보다 대항력 발생일이 빠릅니다. 이때 임차인 B는 대항력이 있는 임차인이 됩니다. 기간 존속과 보증금 반환을 주장할 수도 있습니다.

우선변제권

우선변제권은 임차인이 계약, 인도, 전입신고를 마친 뒤에 임대차 계약서에 확정일자 도장을 받는 것입니다. 확정일자 도장을 받지 않았으면 '우선변제권이 없다'라고 생각하시면 되겠습니다. 확정일자 도장은 주민센터, 공증사무소, 법원등기과, 등기소 중 어디에서도 받을 수 있습니다.

우선변제권은 낙찰금을 먼저 배당받을 수 있는 권리입니다. 따라서 경매 배당에 참여할 수 있습니다. 우선변제권 소유자가 경매 배당에 참여하려면 '배당 요구'를 신청해야 합니다. 배당 요구는 배당요구종기일까지 꼭 신청해야 합니다. 신청하지 않으면 우선변제권이 있어도 배당을 받을 수 없습니다.

우선변제권은 대항력 요건을 만족하고 확정일자를 받는 순간 발생합니다. 임차인 B가 계약, 인도를 2023년 9월 2일에 받고 전입신고를 2023년 9월 3일에 했다고 가정합시다. 그리고 확정일자는 2023년 9월 5일 오전 9시에 받았습니다. 이때 임차인 B의 우선변제권은 2023년 9월 5일 오전 9시에 발생합니다.

여기서 대항력과 우선변제권의 중요한 차이가 있습니다. 대항력은 계약, 인도, 전입신고를 한 다음 날 0시에 발생합니다. 우선변제권은 대항력 요건을 만족하고 확정일자를 받은 날 발생합니다. 그런데 생각해보면 계약서에 확정일자 도장을 먼저 받고 전입신고를 뒤에 할 수도 있습니다. 그런 경우 전입신고 다음 날 0시에 우선변제권이 발생합니다.

임차인 B가 계약 후, 2023년 9월 2일에 확정일자를 받고 2023년 9월 3일에 이사를 한 다음에 2023년 9월 4일에 전입신고를 하였습니다. 이런 경우에는 대항력이 2023년 9월 5일 0시에 발생하기 때문에 2023년 9월 5일 0시에 우선변제권도 발생합니다.

구체적으로 살펴봅시다. 임차인 B가 계약, 인도, 전입신고 절차를 2023년 9월 1일에 마무리했습니다. 확정일자는 2023년 9월 1일 오전 9시에 받았습니다. 그런데 근저당권 역시 2023년 9월 1일에 설정되어 있습니다. 이런 경매 사건이 있을 때 근저당권자가 우선일까요? 임차인 B가 우선일까요?

권리분석 6

- 말소기준권리 : 2023년 9월 1일
- 전입신고일자 : 2023년 9월 1일
- 확정일자 : 2023년 9월 1일 오전 9시

→ 낙찰금 우선변제 대상자는?

앞의 경우 임차인의 대항력은 2023년 9월 2일 0시에 발생합니다. 확정일자를 2023년 9월 1일에 받았으니 2023년 9월 1일 오전 9시 우선변제권이 발생한다고 착각할 수 있습니다. 하지만 전입신고일자가 2023년 9월 1일이므로 확정일자보다 대항력 성립이 더 늦습니다. 우선변제권은 대항력이 선행되어야 하므로 우선변제권도 대항력과 같은 2023년 9월 2일 0시에 발생합니다. 근저당권은 은행 출근 시간 기준으로 생각하면 2023년 9월 1일 오전 9시에 발생합니다. 따라서 이런 경우에는 임차인보다 근저당권자인 은행이 우선으로 배당을 받게 됩니다.

다른 경우를 보겠습니다. 계약, 인도 절차를 2023년 9월 1일에 마치고 전입신고를 2023년 9월 2일에 했습니다. 그 후 확정일자를 2023년 9월 3일 오전 9시에 받았습니다. 은행의 근저당권 역시 2023년 9월 3일입니다. 이런 경매 사건일 때 누가 우선변제를 받을 수 있을까요?

권리분석 7

- 말소기준권리 : 2023년 9월 3일
- 전입신고일자 : 2023년 9월 2일
- 확정일자 : 2023년 9월 3일 오전 9시

→ 낙찰금 우선변제 대상자는?

임차인의 대항력은 2023년 9월 3일 0시에 발생하고, 우선변제권은 2023년 9월 3일 오전 9시에 발생합니다. 대항력의 선행 조건을 만족하므로 임차인의 우선변제권은 2023년 9월 3일 오전 9시고 근저당권 역시 2023년 9월 3일 오전 9시입니다.

이 경우 임차인과 근저당권자가 배당 동 순위가 됩니다. 이렇게 되면 판사가 경매에서 둘을 동 순위로 배당합니다. 이때는 '안분배당의 원칙'에 따라 낙찰금을 채권액에 비례하여 분배합니다. 흔하지는 않지만 실제 이런 경매 사건도 있습니다.

안분배당의 원칙
순위가 같은 채권자가 채권액의 비율로 공평하게 배당받는 원칙을 말한다.

최우선변제권

임차인의 최우선변제권은 계약, 인도, 전입신고 뒤에 소액보증금의 범위를 만족해야 합니다. 소액보증금 범위는 지역마다 다르고 변할 수 있기 때문에 확인이 필요합니다.

서울 소액보증금 범위는 2023년 2월 21일 기준으로 임차보증금 1억 6,500만 원 이하입니다. 이 경우 최우선변제금액이 5,500만 원입니다. 최우선변제권이므로 다른 담보물권자보다 우선으로 변제를 받을 수 있습니다. 이건 서울의 경우입니다. 집값과 보증금은 지역마다 차이가 있기 때문입니다. 다른 지역은 4,300만 원, 2,300만 원, 2,000만 원 등으로 더 낮습니다.

반드시 소액보증금을 만족하는 임차인이어야 최우선변제가 가능합니다. 그럼 다시 경매로 가져와 보겠습니다. 임차인이 최우선변제권 요건을 만족하고 있습니다. 그런데 이 집이 경매로 넘어갔습니다. 이때 서울의 경우 5,500만 원을 먼저 받을 수 있는 상황이라면, 반드시 배당 요구를 해야 합니다. 배당요구종기까지 배당을 요구해야 최우선변제금을 돌려받을 수 있습니다.

최우선변제가 가능한 조건이라고 해서, 그냥 가만히 있어도 배당을 해주는 것은 아닙니다. 꼭 요구해야 합니다. 그렇지 않으면 경매에서 돈을 돌려받지 못할 수 있습니다.

실전 권리분석. 사건번호 2021 타경 53305 서울

임차인/대항력여부

소멸기준일	2019-06-27
배당종기일	2021-08-23

박○○ 대항 있음

- 전입 : 2017-02-14
- 확정 : 2017-02-14
- 배당 : 2021-06-30
- 보증 : 720,000,000
- 권리 : 주거임차인
- 점유 : 1605호
- 배당금 : 720,000,000원
- 전액배당으로 소멸예상

전입세대 열람 결과를 토대로 작성함. 정확한 점유관계 등은 별도의 확인을 요함.

임차인(별지) 점유
보증금함계 720,000,000원

매각물건명세서

예상배당표

등기사항/소멸여부

건물열람	2021-06-22

소유권(지분) 이전
- 1993-11-28 건물
- [redacted]
- 매매

소유권(지분) 이전
- 2000-04-29 건물
- [redacted]
- 증여

가압류 소멸기준
- 2019-06-27 건물
- [redacted]
- 23,522,086원

압류(지분) 소멸
- 2020-01-09 건물
- [redacted]
- (주택) 소액배당 11000 이하 3700
(상가) 소액배당 6500 이하 2200

출처 : 스피드옥션

말소기준권리 2019년 6월 27일보다 전입신고 2017년 2월 14일이 빠릅니다. 그러면 대항력이 있는 임차인입니다. 이제 우선변제권입니다. 확정일자와 전입 날짜가 같으므로 대항력은 2017년 2월 15일에 발생합니다. 우선변제권으로 배당을 받으려면 배당종기일인 2021년 8월 23일 전까지 배당 신청을 해야 합니다.

이 사례의 경우 2021년 6월 30일에 배당 요구를 했습니다. 따라서 이 임차인은 배당에 참가할 수 있고, 우선변제권 발생 기준 순서로 배당을 먼저 받습니다.

마지막으로 최우선변제권입니다. 보증금이 7억 2,000만 원이므로 소액보증금 범위를 벗어납니다. 따라서 최우선변제권은 해당하지 않습니다. 결과적으로 이 물건은 7억 2,000만 원 이상으로 낙찰되면 임차인에게 우선변제권이 있기 때문에 임차인이 먼저 배당을 받습니다. 낙찰자는 추가로 물어줄 돈이 없습니다. 그래서 임차인 정보에 '전액배당으로 소멸예상'이라고 적혀있는 것입니다.

실제 경매 물건을 검색하면서 여러분도 대항력, 우선변제권, 최우선변제권을 확인해 보시기 바랍니다. 중요한 것은 낙찰자가 물어줄 돈이 있는지 판단하는 것입니다.

권리분석을 실전처럼 훈련해라

말소기준권리 찾기

권리분석의 첫째는 먼저 말소기준권리를 찾는 것입니다. 말소기준권리란 한마디로 권리분석의 기준이 되는 권리입니다. 등기부등본에서 말소기준권리보다 뒤에 있으면 말소기준권리를 포함하여 다른 권리들이 다 말소됩니다.

말소기준권리는 근저당권, 저당권, 가압류, 압류, 경매개시결정등기로 총 5가지가 있습니다. 이 5가지 종류 중에서 가장 앞선 순위에 있는 권리가 말소기준권리입니다. 이 5가지 중에서 근저당과 가압류가 가장 많이 나오는 말소기준권리입니다.

말소기준권리를 찾는 방법은 다음과 같습니다. 등기부등본에서 갑구와 을구의 권리들을 날짜순으로 나열합니다. 빨간 줄이 있는 것은 죽어있는 권리이므로 신경 쓸 필요가 없습니다.

살아있는 권리만 나열한 후, 5가지 중에서 가장 먼저 등기가 된 말소기준권리를 찾습니다. 그리고 소유권 변동 사항이나 인수 권리가 없는지 확인하면 됩니다.

말소기준권리를 찾았으면 말소기준권리보다 앞선 권리나 추가로 인수해야 하는 권리가 있는지 확인합니다. 일반적으로 말소기준권리를 포함하여 후순위 권리들은 거의 소멸되므로 인수 권리분석은 두 가지 경우를 확인합니다. 바로 선순위 권리를 인수하는 경우와 후순위 권리를 인수하는 경우입니다.

선순위 권리 확인하기

말소기준권리보다 앞선 전입신고로 대항력이 있는 임차인이 있는지 확인합니다. 대항력이 있는 임차인이라면 배당요구종기일 이내에 배당 요구 신청을 했는지, 확정일자를 받았는지 등을 확인합니다. 임차인이 경매에서 보증금을 전액 배당받을 수 있는지도 확인합니다.

후순위 권리 확인하기

법정지상권
토지 소유자와 건물 소유자가 동일한 상태에서 토지가 경매로 매각되었으면 건물 소유자가 낙찰자에게 법정지상권을 주장할 수 있다.

분묘기지권
타인의 토지 위에 있는 분묘에 대하여 관습법상 인정되는 지상권과 유사한 물권이다.

후순위여도 소멸되지 않고 무조건 인수되는 권리가 있습니다. 이는 법정지상권, 분묘기지권, 유치권 등입니다. 이 권리들은 말소기준권리보다 후순위더라도 경매 이후 낙찰자에게 인수됩니다. 이런 경우는 특수물건에 속하고, 입찰하지 않는 이상 반드시 공부할 필요는 없습니다.

이런 물건은 매각물건명세서에 관련 내용이 기재되어 있으니 확인하면 됩니다. 매각물건명세서에는 부동산이 매각으로 인해 소멸하지 않는 권리가 명시되어 있습니다. 낙찰받으려는 사람들에게 최종적으로 보내는 경고 메시지와 같은 역할을 합니다.

매각물건명세서

서 울 동 부 지 방 법 원

2022타경54631

매각물건명세서

사 건	2022타경54631 부동산임의경매	매각 물건번호	1	작성 일자	2023.11.08	담임법관 (사법보좌관)	[redacted]
부동산 및 감정평가액 최저매각가격의 표시	별지기재와 같음	최선순위 설정	2019.01.10. 근저당			배당요구종기	2022.11.01

부동산의 점유자와 점유의 권원, 점유할 수 있는 기간, 차임 또는 보증금에 관한 관계인의 진술 및 임차인이 있는 경우 배당요구 여부와 그 일자, 전입신고일자 또는 사업자등록신청일자와 확정일자의 유무와 그 일자

점유자 성 명	점유 부분	정보출처 구 분	점유의 권 원	임대차기간 (점유기간)	보 증 금	차 임	전입신고 일자·외국인 등록(체류지 변경신고)일자·사업자등록신청일자	확정일자	배당 요구여부 (배당요구일자)
[redacted]	703호	현황조사					2015.07.15.		

<비고>

[redacted]이 사건 채무자 안은영의 배우자임

※ 최선순위 설정일자보다 대항요건을 먼저 갖춘 주택·상가건물 임차인의 임차보증금은 매수인에게 인수되는 경우가 발생 할 수 있고, 대항력과 우선변제권이 있는 주택·상가건물 임차인이 배당요구를 하였으나 보증금 전액에 관하여 배당을 받지 아니한 경우에는 배당받지 못한 잔액이 매수인에게 인수되게 됨을 주의하시기 바랍니다.

등기된 부동산에 관한 권리 또는 가처분으로 매각으로 그 효력이 소멸되지 아니하는 것

해당사항없음

매각에 따라 설정된 것으로 보는 지상권의 개요

해당사항없음

비고란

주1 : 매각목적물에서 제외되는 미등기건물 등이 있을 경우에는 그 취지를 명확히 기재한다.
 2 : 매각으로 소멸되는 가등기담보권, 가압류, 전세권의 등기일자가 최선순위 저당권등기일자보다 빠른 경우에는 그 등기일자를 기재한다.

출처 : 스피드옥션

5단계

부동산 경매 투자의 시세

부동산 대본을 작성해라

부동산 대본을 작성하는 이유

경매 물건을 입찰하기 위해 가장 중요한 것은 바로 물건의 정확한 시세를 알아내는 것입니다. 시세는 항상 변하기 때문에 현재 시세를 조사해야 합니다. 부동산 시세는 해당 물건의 주변 부동산에 직접 물어보는 것이 제일 정확합니다.

하지만 부동산 중개사가 친절히 물건 시세를 가르쳐주는 일은 거의 없습니다. 부동산 중개사는 본인에게 아무런 이득이 없으면 친절하게 시세를 가르쳐주지 않습니다. 그래서 이 대본 훈련이 필요한 것입니다. 적절한 대본은 부동산 중개사에게 믿음을 줍니다. 믿음이 있어야 더 자세하고 깊은 정보를 얻을 수 있습니다. 지금부터 만들 대본은 중개사를 설득하는 방법입니다.

매도자, 매수자, 경매 투자자

대본 훈련은 '가상 상황 설정'과 '향후 과정 예상 훈련'입니다. 이 훈련의 목적은 '알맞은 상황으로 부동산에 전화해서 정확한 시세를 조사하기 위함'입니다.

먼저 정말로 부동산에서 거래할 사람인 것처럼 중개사가 믿을 수 있는 캐릭터를 만들어야 합니다. 현재 나는 몇 살이고, 어떤 직업을 가졌으며, 어떤 배경의 사람인지, 현재 어디에 살고 있는지 등을 상상합니다. 그리고 그에 맞는 상황을 설정합니다. 상황은 3가지로 설정하면 됩니다. '매도자, 매수자, 경매 투자자' 이렇게 각각의 상황을 가정하고 대본을 구성합니다.

대본을 상세하게 설정하자

대본은 3가지 요소를 포함합니다. 앞서 설명한 캐릭터와 상황 이외에도 '이유'가 있어야 합니다. 즉, '캐릭터, 상황, 이유' 이렇게 3가지가 있어야 적절한 대본을 만들 수 있습니다.

캐릭터는 '나는 지금 어떤 사람인지'를 설정해야 합니다. 성별, 목소리, 말투, 성향에 따라 연기 가능한 역할을 만들면 됩니다. 상황은 '나는 현재 어떤 상황인지'를 설정하면 됩니다. 이직, 실거주, 상속, 결혼 등 해당 경매 물건의 조사를 위해 맞는 상황을 설정합니다. 이유는 부동산 상황에 맞게 '왜 이곳이어야만 하는지'를 설정하면 됩니다. '매도자, 매수자, 경매 투자자'에 적합한 이유가 있어야 합니다.

캐릭터, 상황, 이유가 있는 구체적인 대본은 중개사에게 믿음을 줍니다. 그 신뢰를 바탕으로 중개사에게 정보를 얻을 수 있습니다.

반복이 낙찰을 결정한다

대본을 잘 만들어야 '매도자, 매수자, 경매 투자자'의 시세를 파악하고 정보를 얻을 수 있습니다. '매도자'의 경우 부동산 중개사가 시세를 약간 낮게 부르는 경향이 있습니다. '매수자'는 부동산 중개사가 시세를 약간 높여 부릅니다. '경매 투자자'는 온라인에서 찾지 못하거나 미처 알지 못한 정보를 얻을 수 있습니다. 부동산 중개사만이 알고 있는 그 집의 문제점도 들을 수 있습니다. 입찰가를 정하려면 이런 정보들이 반드시 필요합니다.

물건 검색을 '1분'이라는 시간 안에 끝내고 대본 작성도 이 '1분' 안에 완성하도록 연습해야 합니다. 그리고 최종적으로 물건 검색과 대본을 1분 안에 완성할 때까지 반복 연습합니다. '매도자'를 먼저 연습하고 익숙해지면 '매수자'와 '경매 투자자'를 연습하면 됩니다.

최소 4주의 기간을 목표로 될 때까지 매일 하면 좋은 결과가 찾아옵니다. 목표한 기간보다 조금 더 걸려도 괜찮습니다. 하지만 한 번씩 미루게 되면 5주, 6주가 지나면서 처음 가졌던 열정도 줄어듭니다. 이건 모든 사람이 마찬가지입니다. 목표를 정하고 매일 하는 것이 중요합니다.

실전 대본 제작

대본 캐릭터 예시

① 30대 중반 이혼 회사원, 애들은 전처가 키우고 혼자 살고 있다.

② 30대 초반 기혼 맞벌이 회사원, 첫째가 유치원에 다닌다.

③ 30대 중반 미혼 학원 강사, 넓은 아파트를 개조해서 공부방을 하려고 한다.

④ 30대 후반 일용직 근로자, 끼니는 모두 밖에서 해결, 잠만 자기 위한 값싼 빌라를 원한다.

⑤ 40대 초반 수학 학원 대표, 체인점을 5개 운영하며 부유하다.

⑥ 30대 중반 공무원, 발령지에 따라 지역이나 동네를 옮겨야 한다.

⑦ 30대 중반 커피숍 사장, 상가 경매 시세 조사 중이다.

⑧ 30대 후반 한의사, 돈도 좀 있고 형편이 괜찮다.

⑨ 30대 중반 미혼, 간병 중인 홀어머님이 있어 형편이 어렵다.

⑩ 30대 후반 태권도장 관장, 초등학생이 많은 입지를 찾고 있다.

⑪ 30대 중반 PC방 점주, 빚이 많은 상태다.

⑫ 30대 중반 주말부부, 다시 합치기 위해 집을 구하는 중이다.

⑬ 30대 중반 공무원, 육아휴직 중이다.

⑭ 30대 중반 부부, 아이가 셋이다.

⑮ 30대 중반 미혼, 이번에 유산으로 집을 구하는 중이다.

대본 작성법

① 물건 검색으로 수익 실현 가능한 물건을 찾는다.

② 발견한 물건 주변 입지를 살펴본다.

③ 물건에 어울리는 캐릭터를 만든다.

④ 캐릭터의 나이, 직업, 결혼 유무, 경제적 상황 등을 최대한 구체적으로 만든다.

⑤ 그 캐릭터의 상황을 세밀하게 설정한다.

⑥ 그 캐릭터의 매도자, 매수자, 경매 투자자 이유를 구체적으로 나열한다.

⑦ 부동산 중개사에게 말할 대사를 연습한다.

⑧ 실제로 말해본다.

매도자 예시

근처 관공서에 근무하다가 이번에 아이가 초등학교 들어갈 시점이 되었다. 부모님이 계시는 지역으로 전보를 신청했다. 둘째 계획도 있다. 그래서 지금 사는 빌라를 팔고 싶다.

매수자 예시

이번에 근처 학교에 발령받았다. 기간제 30대 초반 미혼 남교사다. 차가 없어 도보로 출퇴근 가능한 빌라를 구하고 있다. 혼자라서 거의 잠만 잘 계획이다. 평수도 넓지 않고 원룸식의 빌라면 좋겠다.

경매 투자자 예시

이 빌라를 경매로 낙찰받아 임차를 주고 싶다. 특별히 수리할 곳도 없어 보이고, 바로 임차 가능할 것 같다.

실전 대본 1

의정부지방법원

2014 타경 54772(임의) 물번2 [배당종결]

경매1계 031-828-0321 법원정보보기 관할법원안내

매각기일 (수) 2015-10-14 10:30 ~

[redacted]

용도	다세대(빌라)	채권자	제○○	감정가	132,000,000원
대장용도	다세대주택	채무자	○○	최저가	(64%) 84,480,000원
대지권	49.604㎡ (15.01평)	소유자	○○	보증금	(10%) 8,448,000원
전용면적	78.1164㎡ (23.63평)	매각대상	토지/건물일괄매각	청구금액	387,000,000원
사건접수	2014-11-24	배당종기일	2015-02-16	개시결정	2014-11-25

기일현황

전체보기 ▾ 사진 더보기

회차	매각기일	최저매각금액	결과
신건	2015-08-05	132,000,000원	유찰
2차	2015-09-09	105,600,000원	유찰
3차	2015-10-14	84,480,000원	매각
	[redacted]/입찰1명/낙찰84,481,040원(64%)		
	2015-10-21	매각결정기일	허가
	2015-11-20	대금지급기한 납부 (2015.11.20)	납부

< 2층 ① 201호, ② 202호 내부구조도 >

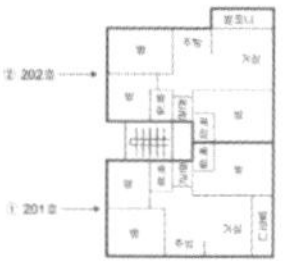

변경공고

변경 내용 없음

물건현황/토지이용계획

- "포천시청" 남서측 인근에 위치 / 주변지역은 포천시 중심권 인근의 주택지대로 형성 / 제반 대중교통여건은 대체로 무난함 / 서측으로 폭 4-6미터의 도로에 접함 / 제1종일반주거지역
- 이용상태(방3, 거실, 주방, 화장실2, 베란다, 현관 등) / 도시가스에 의한 개별난방설비 및 위생설비 등

감정평가현황 아람감정

- **가격시점** 2014-12-09
- **감정가** 132,000,000원
- **토지** 36,000,000원
- **건물** 96,000,000원
- **제시외(건물포함)** X
- **제시외(건물제외)** X
- **기타기계기구** X

감정평가서

토지e음 부동산통합정보이용 ↗

면적(단위:㎡)

대지권

- 신읍동 107-8 대지권
- 357㎡ 분의 49.6㎡
- 49.60㎡ (15.01평)

건물

- 보존등기일 1899-01-01

[redacted]

임차인/대항력여부

소멸기준일 2011-12-16
배당종기일 2015-02-16

김○○ 대항 없음

- 전입 : 2012-12-03
- 확정 : 2012-11-08
- 배당 : 2015-02-04
- 보증 : 20,000,000
- 차임 : 500,000원
- 권리 : 주거임차인
- 점유 : 목록2 (202호) 전부
- 배당금 : 14,000,000원

미배당 : 6,000,000원

- 일부배당(미배당금 소멸예상)

정○○ 대항 없음

- 전입 : 2012-12-03
- 확정 : 없음
- 배당 : 없음
- 보증 : 미상
- 권리 : 주거임차인
- 점유 : 목록2 (202호) 전부
- 정기모:임차인김영선의남편

임차인(별지) 점유
보증금합계 20,000,000원
월세합계 500,000원

매각물건명세서

예상배당표

등기사항/소멸여부

건물열람 2015-07-22

소유권 이전
- 2011-12-16 건물
- [redacted]
- 매매

(근)저당 소멸기준
- 2011-12-16 건물
- [redacted]
- 608,000,000원
- (주택) 소액배당 4000 이하 1400
- (상가) 소액배당 2500 이하 750

(근)저당질권 소멸
- 2014-12-19 건물
- [redacted]
- 608,000,000원

(근)저당 소멸
- 2011-12-20 건물
- [redacted]
- 20,000,000원

가압류 소멸
- 2012-04-20 건물
- [redacted]
- 217,000,000원

소유권 이전
- 2014-02-19 건물
- [redacted]
- 매매
- 700,000,000원

출처 : 스피드옥션

기록 일지 작성 예시

사건번호 2014 타경 54772(임의)

- **캐릭터**

30대 중반 아들 하나 있는 기혼남

- **상황**

포천교육지원청이 직장

- **이유**

가까운 거리 출근을 원함

- **매도자**

포천교육지원청에 근무하다가 이번에 아이가 초등학교 들어갈 시점이 되었다. 부모님이 계시는 수원으로 이사 예정이다. 수원교육지원청으로 전보를 신청했다. 빌라보다는 아파트가 아이들 키우기 좋을 것 같다. 둘째 계획도 있다.

- **매수자**

이번에 포천교육지원청으로 발령받았다. 아이가 어려서 공원 옆에 있는 신축 빌라에 입주했으면 한다.

- **경매 투자자**

빌라 전문 경매 투자자다. 여기 포천 시청과 관공서가 있어서 수요가 있다고 판단했다. 낙찰받아 임대를 놓을 예정이다.

- **향후 과정 예상**

대항력이 없어서 명도는 쉬울 듯하다. 임차도 관공서 직원들에게 수요가 있어 보인다. 임대 이후 상승 타이밍에 매도할 계획이다.

실전 대본 2

서울남부지방법원 　 경매11계 (02)2192-1302(구내:1302) 　 법원정보보기 　 관할법원안내

2017 타경 1131(임의) 　 물번1 [배당종결] 　 매각기일 (수) 2018-01-31 10:00 ~

2017타경101857(중복)

[redacted]

용도	다세대(빌라)	채권자	호○○	감정가	136,000,000원
대장용도	다세대주택	채무자	윤○○	최저가	(64%) 87,040,000원
대지권	19.04㎡ (5.76평)	소유자	윤○○	보증금	(10%) 8,704,000원
전용면적	37.6㎡ (11.37평)	매각대상	토지/건물일괄매각	청구금액	16,035,000원
사건접수	2017-01-31	배당종기일	2017-05-15	개시결정	2017-02-09

기일현황

전체보기 ▾ 　 사진 더보기

회차	매각기일	최저매각금액	결과
신건	2017-10-10	136,000,000원	유찰
3차	2018-01-31	87,040,000원	매각
	[redacted]/입찰3명/낙찰116,420,000원(86%)		
	2018-02-07	매각결정기일	허가
	2018-03-15	대금지급기한 납부 (2018.03.13)	납부
	2018-04-11	배당기일	완료

변경공고

변경 내용 없음

물건현황/토지이용계획

- "양서중학교" 북서측 약360미터 지점에 위치 / 부근은 일반주택, 다세대주택지대 / 버스정류장과 도보로 약6분내의 거리로 제반교통사정 보통 / 북서측 로폭 약6미터 포장도로와 접함 / 제1종일반주거지역
- 도시가스에 의한 개별난방, 위생설비 등

감정평가현황 　 신상민감정

- 가격시점 　 2017-02-23
- 감정가 　 136,000,000원
- 토지 　 47,600,000원
- 건물 　 88,400,000원
- 제시외(건물포함) 　 X
- 제시외(건물제외) 　 X
- 기타기계기구 　 X

감정평가서

토지이음 부동산통합정보이음 ↗

면적(단위:㎡)

대지권

- 신월동 185-27 대지권 156.3㎡ 분의 19.04㎡
- 19.04㎡ (5.76평)

건물

- 보존등기일 2003-04-14

[redacted]

임차인/대항력여부

배당종기일 　 2017-05-15

- 매각물건명세서상 조사된 임차내역이 없습니다

매각물건명세서

예상배당표

등기사항/소멸여부

건물열람 　 2017-02-22

소유권 　 이전
- 2007-11-29 　 건물
- [redacted]
- 매매
- 90,000,000원

소유권 　 이전
- 2013-10-02 　 건물
- [redacted]
- 매매
- 97,000,000원

소유권 　 이전
- 2015-08-28 　 건물
- [redacted]
- 신탁

소유권 　 이전
- 2016-03-22 　 건물
- [redacted]
- 신탁재산의귀속

소유권 　 이전
- 2016-03-22 　 건물
- [redacted]
- 신탁

소유권 　 이전
- 2016-05-12 　 건물
- [redacted]
- 신탁재산의귀속

출처 : 스피드옥션

기록 일지 작성 예시

사건번호 2017 타경 1131(임의)

- **캐릭터**

  동생과 함께 사는 30대 노총각

- **상황**

  동생이 오래 사귀다가 먼저 결혼

- **이유**

  결혼을 위한 집 장만 계획 중

- **매도자**

  동생이 먼저 결혼하게 되어 집에 혼자 남았다. 이제 나이도 있고 앞으로 결혼도 생각하고 있어서 소형 아파트로 이사 계획 중이다. 지하철이 가까운 근처 아파트로 이사 하려고 한다.

- **매수자**

  어머님이 혼자 계셔서 우리 아파트와 가까운 빌라를 구하고 있다. 지금 근처 아파트에 살고 있는데 가까운 빌라였으면 좋겠다.

- **경매 투자자**

  빌라 전문 경매 투자자다. 이번에 낙찰받아 세놓고 값이 좀 오르면 팔 계획이다. 인테리어와 도배를 좀 배웠다. 낡은 빌라를 낙찰받아 인테리어 한 뒤 매매하는 방법으로 수익을 좀 보고 있다.

- **향후 과정 예상**

  대항력 없고 명도는 쉬워 보인다. 임차 수요가 있는지 알아봐야 한다. 시장이 가깝고 주변에 학교, 아파트, 주말농장이 있다. 연식이 있는 빌라라서 장기적으로 봐야 할 수도 있다.

실전 대본 3

의정부지방법원 고양지원 | 경매6계 031-920-6316 | 법원정보보기 | 관할법원안내

2017 타경 15559(임의) 물번1 [배당종결] | 매각기일 (화) 2018-04-24 10:00 ~

[redacted]

용도	다세대(빌라)	채권자	우리○○	감정가	140,000,000원
대장용도	다세대주택	채무자	황○○	최저가	(70%) 98,000,000원
대지권	54㎡ (16.33평)	소유자	황○○	보증금	(10%) 9,800,000원
전용면적	59.86㎡ (18.11평)	매각대상	토지/건물일괄매각	청구금액	124,554,770원
사건접수	2017-11-02	배당종기일	2018-01-31	개시결정	2017-11-03

기일현황

전체보기 ▾ | 사진 더보기

회차	매각기일	최저매각금액	결과
신건	2018-03-20	140,000,000원	유찰
2차	2018-04-24	98,000,000원	매각
	[redacted]/입찰2명/낙찰103,500,000원(74%) 2등 입찰가 : 103,000,950원		
	2018-05-01	매각결정기일	허가
	2018-06-12	대금지급기한 납부 (2018.06.04)	납부
	2018-06-28	배당기일	완료

변경공고

변경 내용 없음

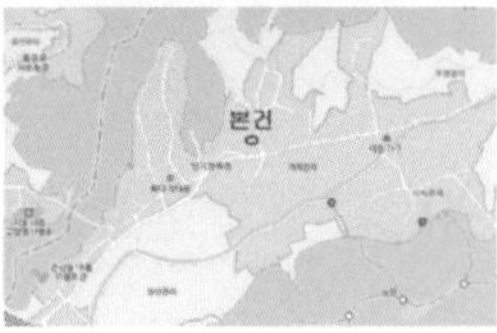

물건현황/토지이용계획

- "고양정신병원" 북동측 인근에 위치 / 주위는 다세대주택, 공업용건물, 임야 등이 혼재 / 주위에 마을버스 정류장이 소재하는 등 제반 교통상황은 보통 / 동측으로 노폭 약 4M 가량의 포장도로와 접함 / 계획관리지역
- 위생 및 급,배수설비, 개별난방설비 등

감정평가현황 희원감정

- **가격시점** 2017-11-20
- **감정가** 140,000,000원
- **토지** 28,000,000원
- **건물** 112,000,000원
- 제시외(건물포함) X
- 제시외(건물제외) X
- **기타기계기구** X

감정평가서

토지e음 부동산통합정보이용 ↗

면적(단위:㎡)

대지권

- 관산동 579-2 대지권
- 1,079㎡ 분의 54㎡
- 54㎡ (16.33평)

건물

- 보존등기일 2012-06-18

[redacted]

임차인/대항력여부

배당종기일 2018-01-31

- 매각물건명세서상 조사된 임차내역이 없습니다

매각물건명세서

예상배당표

등기사항/소멸여부

건물열람 2017-11-14

소유권 이전
- 2012-06-18 건물
- [redacted]
- 보존

소유권 이전
- 2013-04-23 건물
- [redacted]
- 매매

(근)저당 소멸기준
- 2013-04-23 건물
- [redacted]
- 132,000,000원
- (주택) 소액배당 6500 이하 2200 (상가) 소액배당 4500 이하 1350

(근)저당 소멸
- 2016-07-08 건물
- [redacted]
- 30,000,000원

가압류 소멸
- 2017-07-06 건물
- [redacted]
- 13,952,309원

출처 : 스피드옥션

기록 일지 작성 예시

사건번호 2017 타경 15559(임의)

- **캐릭터**

 임용 합격한 30대 초반 미혼 기간제 선생님

- **상황**

 다른 지역으로 근무지를 옮기는 상황

- **이유**

 학교 근처로 가야 출퇴근 시간 절약 가능

- **매도자**

 근처 중학교에 기간제로 근무하고 있는 선생님이다. 이번에 사립 임용에 합격하여 다른 지역 정교사가 되었다. 그래서 살던 빌라를 처분하고 대전으로 이사 계획 중이다.

- **매수자**

 이번에 근처 중학교에 발령받았다. 기간제 30대 초반 미혼 남교사다. 차가 없어 도보로 출퇴근 가능한 빌라를 구하고 있다. 혼자라서 거의 잠만 잘 계획이다. 평수도 넓지 않고 원룸식의 빌라면 좋겠다.

- **경매 투자자**

 이 빌라를 경매로 낙찰받아 임차를 주고 싶다. 특별히 수리할 곳도 없어 보이고, 바로 임차 가능할 것 같다. 근처 혼자 사는 미혼자에게 임차를 줄 계획이다.

- **향후 과정 예상**

 낙찰받으면 바로 임차 가능한지 알아본다. 6년 정도 된 원룸식 빌라라서 임차 수요를 미리 파악해야 한다.

대본 훈련법 미션

물건 검색과 대본을 하루 최소 2시간~3시간 이상 연습해야 합니다. 적지 않은 양이지만 실전 투자를 위해서 꼭 필요합니다. 여러 캐릭터와 상황을 만들어야 실제로 통화할 때 바로 할 말이 떠오릅니다.

대본 훈련법은 물건을 보며 고민하고, 입지를 살펴야 하기 때문에 부동산을 보는 안목도 저절로 길러지게 됩니다. 내가 모르는 지역도 하나씩 알아가고 새로운 동네가 눈에 들어옵니다.

대본 예시를 참고해서 연습하는 데 활용하기 바랍니다. 하지만 가능한 자기 생각으로 만드는 것이 좋습니다. 도움을 받으면 나중에 혼자 경매 투자를 하기 어렵습니다. 대본 훈련법을 연습하실 때는 타이머를 설정하고 연습하는 것이 큰 도움이 됩니다.

이 과정을 하루에 2시간~3시간씩 꾸준히 해야 합니다. 최종적으로는 물건 검색과 대본 작성이 1분 안에 끝나도록 연습해야 합니다. 본인 스스로 계속 점검해봅시다. 혼자 하기 힘들다면 지인에게 부탁해서 작성한 대본을 1분 동안 말하고 설득력 있는지 확인해보면 됩니다. 서로 피드백하면 더 좋습니다.

기록 일지 작성

대본은 글로 적는 것이 아니라 머릿속으로 상상하면 됩니다. 대본 훈련 일지를 만들어 매일 기록하는 것이 좋습니다. 날짜별로 그날 연습한 대본 페이지 수(한 페이지에 50개 물건)를 적습니다. 그리고 그중 제일 잘했다 싶은 대본을 하나만 작성해서 사건번호와 함께 기록합니다. 노트도 좋고 블로그도 좋습니다. 기록을 찾아볼 수 있도록 적으면 됩니다.

4주 내로 끝내겠다는 생각으로 기록합니다. 4주 후에는 어느 정도 완성된 대본이 바로 나올 수 있도록 합니다. 기간이 그 이상 넘어가면 효율이 떨어지고 의지력도 약해지며 점점 손을 놓게 됩니다.

기록 일지 작성 예시

제일 잘 만든 대본(사건번호 2024 타경 OOOOO)

- 캐릭터 :
- 상황 :
- 이유 :
- 매도자 :
- 매수자 :
- 경매 투자자 :
- 향후 과정 예상:

시세 조사로

입찰가를 이해해라

시세 조사는 앱으로

네이버부동산, KB부동산, 다방, 밸류맵, 아실, 호갱노노 등 부동산 관련한 매우 많은 앱이 있습니다. 이를 활용하여 주거, 상가, 토지 등의 시세를 파악할 수 있습니다.

네이버부동산, KB부동산

네이버부동산은 물건 정보가 가장 많고 시세의 동향을 한눈에 파악할 수 있습니다. KB부동산은 아파트와 주택 관련 시세가 정확한 편입니다. 이 시세를 기준으로 대출이 나올 만큼 신뢰성이 높습니다.

다방, 밸류맵

다방은 빌라나 오피스텔의 소형 주택 물건 정보를 알 수 있습니다. 밸류맵은 전국 토지, 단독주택, 다가구, 빌딩, 공장, 상가의 실거래가와 현장 위치 정보를 제공합니다. m^2당 가격이 있어 잘 모르는 지역의 부동산 가치를 쉽게 가늠할 수 있게 해줍니다.

아실, 호갱노노

아실이나 호갱노노는 전국 아파트 실거래가가 매일 업데이트됩니다. 이 내용을 그래프로 쉽게 확인할 수 있습니다. 또한 해당 아파트의 학군, 편의시설, 상권, 교통, 출퇴근, 신고가 정보, 규제 지역 정보 등을 얻을 수 있습니다. 그 외 다양하고 생생한 리뷰까지 간접 경험할 수 있는 장점이 있습니다. 거래량과 신고가 정보뿐만 아니라 가격 변동의 흐름을 손쉽게 확인할 수 있습니다.

부동산 계산기

부동산 계산기 앱을 활용하시면 부동산 중개 수수료, 등기 비용, 법무사 수수료, 취득세, 재산세, 종합부동산세, 양도소득세 등의 각종 부동산 관련 비용을 계산해볼 수 있습니다.

시세 조사는 사이트로

네이버페이 부동산

출처 : 네이버페이 부동산

네이버페이 부동산 사이트는 기본적으로 부동산 경매에 필요한 정보를 많이 제공합니다. 지도에서 우측 상단의 ‘개발’을 클릭하면 지도에서 지역 관련 개발 정보를 한눈에 살펴볼 수도 있습니다. 지역별로 주택재개발, 택지지구개발, GTX 노선을 포함한 교통계획망도 확인할 수 있습니다. 이외에도 개발 아래에 있는 학군, 편의, 중개사, 거리재기, 항공뷰, 거리뷰 등으로 다양한 정보를 얻을 수 있습니다.

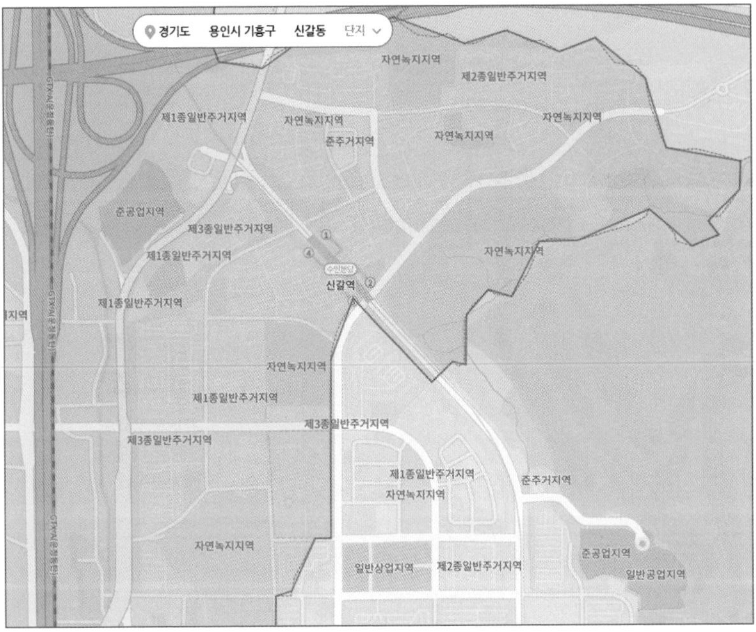

출처 : 네이버페이 부동산

거리뷰 아래의 ‘지적편집도’를 선택하면 지역별 토지 용도를 확인할 수 있습니다. 노란색은 주거지역, 분홍색은 상업지역, 파란색은 공업지역으로 용도 표시가 되어 있습니다.

공시 가격
매년 정부가 전국의 대표적인 부동산 가격을 조사하고 산정한 뒤 공시하는 가격이다.

부동산 매물은 아파트, 오피스텔, 빌라, 주택, 원룸, 투룸, 상가, 업무, 공장, 토지 등으로 구분되어 있습니다. 부동산에서 제공하는 매물 가격, 단지 정보, 실거래가, 동 호수, 공시 가격, 학군 정보 등을 보여줍니다.

KB부동산

출처 : KB부동산

이 사이트는 KB국민은행에서 제공하는 부동산 사이트 'KB부동산'입니다. 은행에서 이 사이트 시세를 참고하여 대출 금액을 정할 정도로 신뢰도가 높은 사이트입니다. 로그인하면 사이트에서 자체적으로 정리한 부동산 관련 통계도 볼 수 있습니다.

서울도시계획포털

출처 : 서울도시계획포털

서울도시계획포털 사이트에서도 많은 정보를 제공하고 있습니다. 내가 관심 있는 경매 물건이 재개발·재건축에 포함되어 있는지, 어느 정도 진행이 되었고, 어떤 단계인지를 이 사이트를 통해 확인할 수 있습니다. 지구단위계획, 도시개발사업, 뉴타운, 개발사업, 정비사업을 포함하여 서울시에서 진행 중인 도시계획을 종합적으로 안내합니다.

시세 조사 실천하기

경매 물건을 검색하여 마음에 들고 수익을 줄 수 있을 물건을 골랐다면, 주저하지 말고 시세 조사를 해봅니다. 조사를 한다고 해서 무조건 입찰해야 하는 것은 아닙니다. 그래도 항상 입찰하려는 마음으로 경매 물건을 조사해야 합니다. 조사 후에 생각만큼 수익이 나지 않는다면 그때 가서 입찰을 포기하고 다른 경매 물건을 검색하면 됩니다.

시세 조사는 입찰 때 가격을 얼마로 적는지 그 기준을 정하는 과정입니다. 같은 아파트라도 "이 아파트는 얼마쯤 할까?"라는 질문을 사람마다 모두 다르게 말합니다. 어떤 경우는 세금 문제, 투자금 문제, 자녀 교육 문제 등으로 급매해야만 하는 상황일 때도 있습니다. 다른 경우는 결혼식을 앞둔 신혼부부처럼 아파트를 급구하는 경우도 있습니다. 심지어 공인중개사도 바라보는 관점마다 시세를 다르게 말합니다. 부동산 시장 상황, 부동산 시장을 바라보는 관점 등도 사람마다 다릅니다. 그렇기에 부동산 시세는 내가 직접 조사해서 나만의 기준을 만들어야 합니다.

나만의 기준을 만들기 위해서는 아주 부지런히 시세 조사를 해야 합니다. 부동산 실거래가의 흐름을 확인하고, 여러 부동산 앱, 사이트의 매물을 살펴야 합니다. 또 실제 부동산과 관련된 사람들을 찾아 최대한 많이 물어봐야 합니다. 그 자료를 바탕으로 나만의 가격을 정해야 합니다. 즉, 단순히 매물의 평균 가격을 구하는 것이 아니라 내 수익을 보장하는 입찰가를 정해야 합니다.

실거래 신고
일반 매매는 부동산 실거래 신고가 의무지만 경매는 따로 부동산 실거래 신고를 하지 않는다. 권리분석, 유찰 등의 이유로 실거래가로 보기 힘든 가격이 많기 때문이다.

시세 조사는 전화로

앱이나 사이트 같은 온라인 조사로는 한계가 있습니다. 특정 부동산 관련 정보를 직접 물어보는 것은 경매 물건 주변 부동산에 전화로 물어봐야 합니다. 부동산 중개사는 매일 부동산 매물을 거래하는 직업입니다. 따라서 누구보다 현장 분위기와 시세를 정확하게 알고 있습니다. 중개사를 통해 시세와 함께 여러 가지 상황이나 부동산 관련 팁들도 얻을 수 있습니다. 중요한 것은 현재 가격, 즉 최신 시세 정보입니다. 그래야 시세 조사로 실제 낙찰 후 내가 거래 가능한 가격을 알 수 있습니다.

이들의 실거래가가 나와 있는 앱이나 사이트도 있겠지만 이런 경매는 실거래 신고가 의무가 아닙니다. 그러므로 이런 물품을 조사하려면 여러 부동산 중개사에게 시세를 물어보고, 비교 분석하는 것이 제일 확실합니다.

이때 시세 조사의 핵심은 전화로 해결하는 것입니다. 직접 모든 부동산에 방문하는 것은 비용이 너무 많이 듭니다. 단순 시세 조사는 전화로 충분합니다. 경매 물건 주변의 지도 검색이나 네이버 매물을 통해서 중개사의 연락처는 어렵지 않게 찾아낼 수 있습니다. 중요한 것은 물어보는 방법입니다.

부동산 중개자에게 부동산 가격이 얼마인지 물어볼 때는 내가 어떻게 질문을 하는가에 따라서 답이 달라집니다. 핵심은 대본 활용입니다. 이전 단계에서 연습했던 대본을 활용하여 시세 조사를 하는 것입니다.

시세 조사를
실전처럼 훈련해라

시세 조사는 크게 '가조사'와 '본조사'로 구분합니다. 가조사는 입찰 가능성이 있는 물건을 1차로 조사하는 일입니다. 가조사 이후 수익 실현이 가능하다고 판단하면 본조사를 실시합니다. 본조사는 이전에 작성한 대본으로 매물 근처 부동산에서 정확한 시세를 알아내는 것입니다.

먼저 스피드옥션에서 해당 사건의 주소 옆에 지도를 클릭합니다.

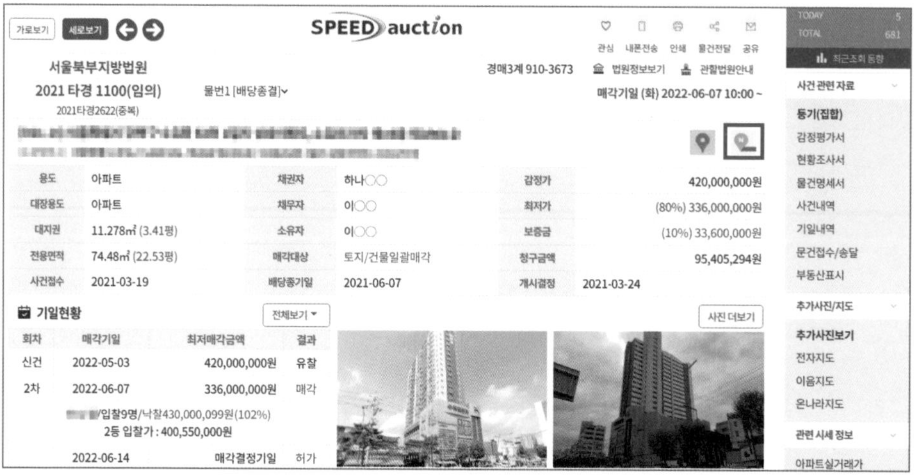

출처 : 스피드옥션

그러면 새로운 창이 뜨면서 네이버 화면으로 바로 이동됩니다.

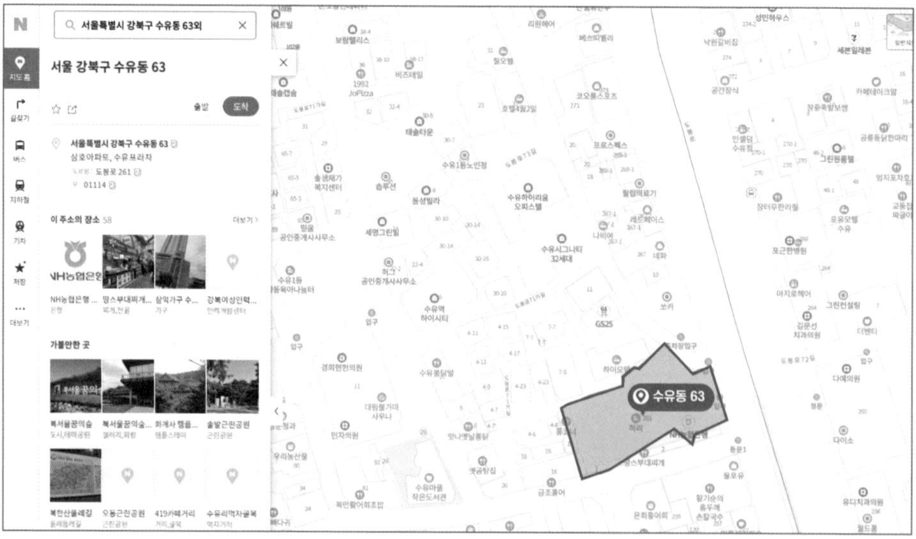

출처 : 네이버지도

이 화면에서 왼쪽 상단의 검색란에 '중개사'라고 검색합니다.

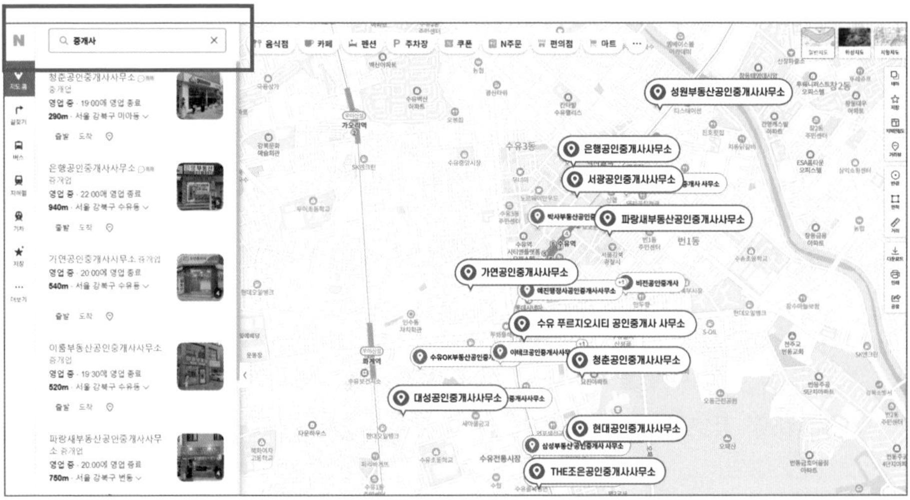

출처 : 네이버지도

왼쪽 화면에 부동산중개사무소 리스트가 뜹니다. 그리고 지도에도 부동산중개사무소의 구체적인 위치가 표시됩니다. 경매 물건에 가까운 곳부터 전화번호를 정리합니다.

출처 : 네이버지도

이제 경매 물건, 부동산중개사무소의 위치와 전화번호를 알았습니다. 바로 전화해서 시세 조사를 시작합니다.

가조사 때는 '매도자' 대본으로 해당 부동산의 '매매, 전세, 월세' 시세를 조사합니다. 아래 양식을 참고하여 꾸준히 가조사를 진행합니다. 가조사는 매일 최소 3개 물건은 해야 합니다. 부동산 중개사와 통화하면서 녹음은 필수입니다. 통화가 끝나면 스피드옥션 사이트에 해당 물건을 관심 물건으로 등록합니다. 관심 물건 메모에 '매매, 전세, 월세' 정보를 적습니다.

가조사 양식

- 사건 : 2024 타경 ○○○○○
- 매매 : ○억 원
- 전세 : ○억 원
- 월세 : ○○○○/○○○(보증금/월세)

대본 훈련을 꾸준히 했다면 부동산 중개사에게 전화하는 것은 어렵지 않습니다. 친구에게 전화한다고 생각하고, 물어볼 것이 있으니 전화한다고 생각합시다. 이 방법대로 하면 가조사는 '5분'도 걸리지 않습니다.

본조사 5분 안에 끝내기

가조사에서 '매도자' 대본으로 알아낸 '매매, 전세, 월세' 3가지 시세를 바탕으로 수익성을 포함한 투자가치를 판단하여 본조사에 들어가면 됩니다.

본조사 때는 여러 부동산에 전화하여 대본 '매도자, 매수자, 경매 투자자'로 정보를 얻으면 됩니다. 최대한 많은 곳의 부동산 중개사와 통화해야 합니다. 그래야 정확한 시세를 종합적으로 판단할 수 있습니다. 적어도 20곳~30곳의 부동산에 통화해야 합니다. 최대한 빨리, 가능한 많은 곳에 통화해서 시세를 파악해야 합니다. 시세 조사는 속도전입니다. 빨리 파악해야 그 물건을 선점할 수 있습니다.

적절한 스킬은 부동산 중개사에게 양질의 정보를 얻도록 도와줍니다. 다음은 통화하면서 쓸 수 있는 간단한 대화 기술 3가지입니다. 참고하여 시세 조사 때 꼭 활용합시다.

칭찬하기

부동산 중개사와 통화하면서 중간중간 꼭 칭찬을 합시다. 구체적으로는 다음과 같이 말하면 됩니다.

"사장님, 다른 부동산도 통화했는데
여기가 제일 확실하게 알고 계시는 것 같아요. 믿음이 갑니다."

"부동산에는 처음 전화하는데 너무 설명 잘해주시네요."

"앞으로 매물은 여기에 내놓을게요."

이득 주기

부동산 중개사가 정보를 주는 이유는 단 하나입니다. 자신에게 이득이 되기 때문입니다. '매도자, 매수자, 경매 투자자' 대본 모두 중개사에게 이득을 주는 내용이 포함되어야 합니다.

"수리해서 여기 부동산에 꼭 임대 놓을게요."

이런 식의 멘트가 필요합니다. 내게도 득이 돼야 정말 중요한 정보를 주는 것입니다. 이 점을 명심하고 대본을 짭시다.

경쟁시키기

다른 부동산과 시세를 비교하여 경쟁시킵니다. 그러면 좀 더 정확한 시세를 파악할 수 있습니다. 특히 빌라나 상가는 중개사마다 다를 수 있기 때문에 이런 방법이 꼭 필요합니다.

이런 방식으로 시세 조사한 내용은 그림과 같은 양식으로 정리합니다. 이렇게 정리하면 입찰 전까지 사용 가능한 자료를 만들 수 있습니다. 통화 녹음 내용을 엑셀에 정리하면 정확한 시세를 알 수 있습니다. 경매 투자는 항상 자료를 정리하는 습관을 길러야 합니다.

시세 조사 정리 자료

법원		사건	
입찰기일		입찰 시간	
주소			
대지권		전용면적	
감정가		최저가	
용도		권리분석	

조사일시	부동산명	매도자/매수자/경매 투자자
2024-04-15	참조은	매도자
전화번호	부동산 위치	
010-1234-5678	남동쪽 200m	
통화내용 요약		
캐릭터, 상황, 이유 및 기타 중요 내용		
조사 대상(성별/연령)	신뢰도/친절도	매물정보
남/40대 후반	상/중/하	직딩아파트
매매	전세	월세
3억	2.6억	1,000/60
위치	평수	층
경매 물건 바로 옆	34평	10층
향	동	기타
남향	101동	

현장 조사로
입찰가를 정해라

입찰을 목표한다면 시세 조사를 통해 얻은 경매 관련 정보가 현장과 일치하는지 확인해야 합니다. 해당 물건 지역에 직접 방문해야 조사를 마무리하고 최종적으로 입찰 여부와 입찰가를 산정할 수 있습니다.

부동산 관련 정보 대부분은 손품으로 조사 가능합니다. 하지만 현장에 꼭 방문해야만 하는 물건도 있습니다. 서류 밖의 변수와 경매 물건의 또 다른 플러스, 마이너스 요인을 조사해야 합니다. 현장 조사는 반드시 권리분석과 시세 조사를 끝내고 가야 합니다. 그래야만 현장에 가서 효율적인 조사를 할 수 있습니다.

익숙해지면 서로 가까운 거리의 여러 경매 물건을 정리해놓고 효율적인 동선을 짜는 것도 가능합니다. 한 번의 현장 조사로 여러 물건을 보고 그 지역과 동네의 입지도 파악하는 것입니다. 시작은 본인이 사는 지역과 동네로 경매 물건을 찾는 것이 좋습니다. 나중에 경험을 쌓고 다른 동네를 찾아가면 됩니다.

현장 조사로 입찰가 정하기

경매 물건의 권리분석이 끝나면 시세 조사 이후 입찰을 고민하게 됩니다. 최종 입찰 여부와 입찰가를 결정하기 위해서는 반드시 현장 조사를 해야만 합니다.

현장 조사가 필요한 이유

시세 조사나 현장 상황을 전화 한두 통으로 끝내면 여러 문제가 생길 수 있습니다. 낙찰 후 오랜 시간 임대나 매매가 안 되거나 물건을 시세보다 낮은 가격으로 처리해야 하는 경우도 생깁니다. 낙찰 후에 잔금 미납이라는 씁쓸한 결과를 맞이하게 될 수도 있습니다. 부동산 경매는 내 돈이 얼마나 들어가는지 항상 생각하고 마무리를 꼼꼼하게 해야 합니다.

내가 이미 조사한 내용들도 현장에서 또 물어보고 또 확인해야 합니다. 부동산 중개사, 관리소 직원을 찾아가서 혹시 내가 모르는 정보는 없는지 거듭 확인해야 합니다. 이런 조사 과정을 거쳐야 입찰가를 결정하고 낙찰받을 수 있는 것입니다.

부동산 경매는 권리분석이 기본이지만 현장 조사도 필수입니다. 현장 조사 전에는 점유자 방문, 부동산 방문, 관리소 방문 등의 철저한 계획을 세워야 합니다. 이를 토대로 입찰가 산정을 위한 시세를 최종적으로 파악해야 합니다.

일치 여부 확인

현장 조사는 먼저 법원에서 공시한 자료와 정보가 현장과 일치하는지 확인해야 합니다. 경매 자료에 나와 있는 현황조사서, 매각물건명세서 내용을 직접 알아봐야 합니다. 특히 중요한 것은 점유자 관련 정보입니다. 서면에 적힌 점유자와 일치하는지, 어떤 형태로 점유하는지 등을 꼭 확인합니다. 확실히 조사하지 않으면 낙찰 이후 명도 과정에서 어려움을 겪을 수 있습니다.

점유자 확인

점유자는 해당 부동산 정보를 얻을 수 있는 가장 좋은 정보 제공자이기도 합니다. 만나서 추가적인 경매 관련 정보 또는 시세 관련 정보를 얻을 수 있습니다. 거주하고 있는 사람이므로 생생한 이야기를 들을 수 있습니다. 또 점유자의 성향을 미리 아는 것은 추후 명도에 큰 도움이 됩니다. 가능하면 현장 조사에서 점유자는 꼭 만나고 와야 합니다.

부동산 방문

시세 조사로 알아본 시세를 현장에 가서 한 번 더 확인합니다. 이미 손품으로 시세 조사를 했다고 현장 조사를 간과하면 안 됩니다.

관리소 방문

관리비 같은 경우 관리소의 전화번호로 쉽게 확인 가능합니다. 하지만 방문해야 알려주는 곳도 있습니다. 현장 조사로 관리소에 가게 되면 관리비뿐만 아니라 점유자 관련 정보도 물어보면 좋습니다. 그래야 명도 난이도를 예상하고 서류상에서 드러나지 않은 실제 점유 관계를 알 수 있습니다. 이 정보로 낙찰 후 점유자와의 명도 과정을 예상할 수 있습니다.

현장 조사 체크리스트

현장 조사 체크리스트를 작성하면 현장에서 더 꼼꼼히 확인할 수 있습니다. 나중에 집으로 돌아와 물건을 복기할 때도 편합니다. 형식은 정해져 있는 것은 아니니 기본 체크리스트에다가 항목을 추가하거나 스스로 만들어 보셔도 괜찮습니다.

특히 부동산에 방문해서 시세를 파악할 때는 매도, 매수 그리고 급매 시세까지 파악하도록 노력해야 합니다. 부동산 중개사들도 사람마다 다릅니다. 그래서 방문 전에 어떤 부동산에 방문을 할지 정하고 가는 것이 좋습니다.

현장 조사의 팁

토지는 부동산 중에 거래 사례가 활발하지 않은 대표적인 상품입니다. 공법상 행위 제한 때문에 취득 후에 어려움을 겪는 경우가 많이 있습니다. 따라서 토지를 매입하려면 사전에 좀 더 철저한 조사가 이루어져야 합니다.

토지가 많이 유찰되는 경우는 여러 함정이 있을 수 있으므로 단순히 가격적인 메리트만 보고 입찰하지 않기를 바랍니다. 그리고 전, 답, 과수원 등의 농지를 취득하고자 할 때는 입찰 전에 '농지취득자격증명' 제출 여부를 확인해야 합니다. 관할청 담당자에게 '농지취득자격증명' 발급 여부를 반드시 확인합시다. 토지는 개발 목적이나 미래 가치를 보고 투자하는 부동산이므로 부동산 경매 중에서 가장 많은 지식을 필요로 합니다. 많은 경험을 쌓은 뒤에 토지에 접근하는 것을 추천드립니다.

현장 조사를
실전처럼 훈련해라

본조사를 다 마무리했다면 이제 현장 조사를 가야 합니다. 우선 시세 조사의 정확도가 높아야 합니다. 시세 조사의 정확도가 높지 않으면 패찰하거나 잘못된 시세 파악으로 비싸게 낙찰받을 수 있습니다. 잔금을 미납하는 대부분의 이유가 바로 고가 낙찰입니다. 그러므로 정확하게 시세 조사를 마무리해야 합니다. 본조사를 제대로 하지 않고 현장에 가서는 안 됩니다. 시간만 낭비할 확률이 매우 높습니다. 다음은 구체적인 현장 조사 방법입니다.

고가 낙찰

권리분석을 제대로 하지 않으면 본래 경매 물건의 시세보다 비싸게 낙찰받을 수도 있다. 이런 경우 매각물건명세서를 확인하고 매각불허가 신청을 해야 한다. 그게 불가능하다면 보증금을 잃는 수밖에 없다.

시세 조사 지도

시세 조사 지도를 만드는 방법은 입찰 물건을 중심으로 주변의 시세를 적는 것입니다. 부동산을 통해 매매, 전세, 월세 가격을 조사한 물건에 표시합니다. 그리고 실제로 가서 살펴보면서 내가 조사한 물건과 비교 분석하면 되겠습니다.

정해진 형식이 따로 있는 것이 아니므로 엑셀 파일 등으로 자유롭게 현장 조사 지도를 만들면 됩니다. 현장을 보면서 마음속으로 질문해봅니다. 임차인의 마음으로 '내가 조사한 시세대로 임대할 수 있을까?'를 생각하고, 매수인의 마음으로 '내가 조사한 시세대로 진짜 팔 수 있을까?'를 생각합니다.

그리고 현장 사진을 최대한 많이 찍어야 합니다. 현장 조사를 마치고 사진을 정리하면서 다시 주변 환경이나 건물 내부를 확인해야 합니다. 기억은 왜곡될 수도 있으니 정확하게 사진으로 남기는 것을 습관화하면 좋습니다.

막상 현장에 방문하면 조사가 어려울 수도 있습니다. 처음부터 적극적인 행동을 하기가 쉽지 않기 때문입니다. 그래서 현장 조사 전에 체크리스트를 작성해서 가져가면 훨씬 좋습니다.

주택 현장 조사 체크리스트

다음은 '주택 현장 조사 체크리스트' 양식입니다. 해당 양식을 참고하여 작성하면 현장 조사에서 큰 도움이 됩니다.

면적		입찰일	
현장 조사일			
주소			
면적		보존등기	
방, 욕실 개수			
감정가(만 원)		최저가	
유찰 횟수			

먼저 기본적인 사항인 사건번호와 입찰일, 현장 조사일을 작성합니다. 그리고 주소와 면적, 보존등기(연식), 방과 욕실 개수, 감정가, 최저가, 유찰 횟수를 적습니다.

물건 체크리스트

채광	
노후도	
내부 구조	
주차장	
도시가스	
건물 균열	
누수 여부	
수리 여부	
엘리베이터	
미납관리비	

다음으로는 물건에서 확인해야 하는 부분입니다. 대부분 사람은 남향을 선호합니다. 빛이 잘 들어오는지 남향 여부를 확인합니다. 노후도는 보존등기를 기준으로 실제 눈으로 보았을 때의 느낌을 적습니다. 구축 아파트라도 페인트를 새로 칠했거나 관리 상태에 따라 깔끔한 느낌을 줄 수 있습니다.

내부 구조는 아파트를 기준으로 판상형, 타워형을 구별하고 구조와 창이 몇 배인지, 발코니를 확장했는지 확인합니다. 주차장은 지상·지하 모두 주차 가능한지, 한 가구당 몇 대가 주차 가능한지, 주차장 넓이, 실제 주차장의 느낌 등을 적습니다.

도시가스는 개별난방, 지역난방, 중앙난방인지 확인합니다. 간혹 기름보일러를 사용하는 빌라도 있으니 꼼꼼하게 확인합니다. 물건 외부에 균열이 있는지도 확인하고, 내부에 누수가 있었는지 살펴봅니다. 수리한 전적이 있는지도 확인합니다.

엘리베이터 유무와 얼마나 잘 관리되고 있는지 확인합니다. 관리소에 들러 미납관리비의 정확한 액수와 미납 기간을 확인합니다.

주위 환경 체크리스트

버스 거리	
지하철 거리	
편의 시설	
혐오 시설	
학교 수	
학군	
관공서	
소음	
개발 가능성	
이웃 주민	
동네 분위기	
관리소 연락처	
부동산 연락처	

주위 환경이 어떤지도 확인합니다. 가장 가까운 버스 정류장이나 지하철역과의 거리는 실제로 몇 분이 소요되는지 확인합니다. 편의 시설은 아파트라면 단지 내 상가에 은행, 마트, 세탁소 등이 있는지, 도보로 몇 분 거리에 또 다른 편의시설이 있는지를 확인합니다.

혐오 시설은 유흥 또는 유해 시설 등을 확인합니다. 그리고 주변의 초, 중, 고등학교의 학교 위치와 수를 살펴봅니다. 학군이 어느 정도 좋은지, 학원가가 형성되었는지도 확인합니다.

관공서는 얼마나 가깝게 있는지 파악합니다. 물건 주변 소음이 얼마나 심한지도 알아봅니다. 개발 가능성은 재개발·재건축을 기본적으로 살펴보고 지하철 개통 등의 호재도 확인합니다.

이웃 주민의 연령대와 더불어 동네 분위기를 살펴봅니다. 그리고 관리소와 방문했던 부동산도 기록합니다.

점유자 상태

현장 방문에서 점유자를 만났다면 점유자 상태도 기입합니다. 나이, 성별, 경제적 상황 등 가능한 구체적으로 적으면 좋습니다. 명도를 하게 된다면 난이도는 어떨지 등을 생각해봅시다.

시세 파악

매매		급매	
전세		월세	

시세 파악에는 매매, 급매, 전세, 월세 조사 내용을 작성합니다.

투자 포인트

나의 의견	
부동산 의견	

지금까지 조사한 내용을 바탕으로 투자 포인트를 찾아봅니다. 내 의견과 부동산 의견을 정리합니다.

현장 조사 출발 전에 이렇게 체크리스트를 만들어서 가면 놓치는 부분이 줄어듭니다. 파일을 참조하셔서 본인 스타일대로 수정 및 추가하시면 됩니다.

상가 현장 조사 체크리스트

사건번호		조사날짜	
주소			
감정가		최저가	
권리관계			

먼저 사건번호와 조사 날짜를 작성합니다. 그리고 주소, 감정가, 최저가, 권리관계를 적습니다.

입지 여건 체크리스트

대분류	소분류	내용			비고
입지 여건	유동 인구	유동 인구가 많은가?			
		상	중	하	
		유동 인구의 동선은 어떤가?			
		상	중	하	
		매장 앞 보도의 폭은 넓은가?			
		상	중	하	
		노점상이 밀집한 지역인가?			
		상	중	하	
		지하철/버스 정류장이 가까운가?			
		상	중	하	
		지하철/버스 정류장을 주로 이용하는 사람은? (학생/직장인)			
		상	중	하	

입지 여건은 유동 인구 중심으로 파악합니다. 유동 인구는 어느 정도인지, 주 동선은 어떤지, 경매 물건 앞 보도의 폭은 어떤지를 수요자 입장에서 분석합니다. 지하철과 버스정류장까지의 거리도 확인합니다.

상권 체크리스트

대분류	소분류	내용			비고
상권	배후단지	배후단지의 규모가 최소 500가구 이상인가?			
		상	중	하	
		배후단지의 성격이 임차 사업 종목과 어울리나?			
		상	중	하	
	주민성향	배후단지의 거주자 경제적 수준은?			
		상	중	하	
		배후단지의 거주자 연령대는?			
		상	중	하	
		통행차량의 동선은?			
		상	중	하	
		주민들의 동선은?			
		상	중	하	

상권은 배후단지의 규모가 최소 500가구 이상인지 아닌지를 확인합니다. 왜냐하면 최소 500가구는 되어야 상권 형성이 가능하기 때문입니다. 최근 아파트는 700세대를 기준으로 잡기도 합니다.

배후단지의 성격이 이 경매 물건에 들어올 수 있는 임차 사업 종목과 매치가 되는지 확인합니다. 그리고 주변에 사는 사람의 경제적 수준도 가늠합니다. 아파트 시세가 높을수록 소득 수준이 높습니다. 고령층이 많이 사는 곳보다는 30대~40대가 많은 곳이 좋습니다. 차량의 동선을 파악하여 사람들이 주로 이용하는 동선을 확인합니다. 현장 조사 전에 지도를 확인하고 사람들의 동선을 미리 그려봅니다.

물건 체크리스트

대분류	소분류	내용			비고
물건 외부	물리적 입지	도로변에 접한 면이 있는가?			
		상	중	하	
		코너에 위치하였는가?			
		상	중	하	
물건 내부	구조	내부 구조는 좋은가?			
		상	중	하	
	입구	출입구의 문턱은 낮은가?			
		상	중	하	
	천장/바닥	천장이 높은가?			
		상	중	하	
		복층 구조가 가능한가?			
		상	중	하	
		방수나 누수의 흔적이 있는가?			
		상	중	하	
	내부	매장 중앙에 기둥이 여러 개인가?			
		상	중	하	

물건 외부는 물리적 입지를 조사합니다. 경매 물건이 도로변에 접한 면이 있는지 살펴봅니다. 전면, 후면에 따라 임대료의 차이는 엄청납니다. 코너 상가는 일반적으로 가시성이 좋아 가치가 높고, 상승 가능성도 큽니다.

이후에 물건 내부를 살펴봅니다. 내부 구조가 어떤지, 중간에 기둥은 없는지, 출입구의 문턱은 낮은지, 천장이 높은지, 복층 구조가 가능한지 등을 확인합니다. 그리고 방수나 누수의 흔적은 없는지 확인합니다.

만약 천장이 너무 낮으면 임차 사업 종목이 제한됩니다. 또 누수가 있으면 임대인이 수리 비용을 부담해야 할 수 있습니다. 매장 중간에 기둥이 여러 개 있으면 임차인이 부담을 느낍니다.

물건 현황 체크리스트

대분류	소분류	내용			비고
물건 현황	현황	현재 영업 상태가 양호한가?			
		상	중	하	
		층별 업종 구성은?			
		상	중	하	
		학원 건물인가?			
		상	중	하	
		병원 건물인가?			
		상	중	하	
		기타 유흥 건물인가?			
		상	중	하	
		동종 업종 금지에 해당하는가?			
		상	중	하	
		상권 내 경쟁 시설은?			
		상	중	하	
	내부 공용 시설	개별난방인가?			
		상	중	하	
		엘리베이터가 있는가?			
		상	중	하	
		건물의 노후화 정도는?			
		상	중	하	
	주변 시설	충분한 주차 공간이 있는가?			
		상	중	하	
	주차장	주차 공간의 여유는 얼마나 되는가?			
		상	중	하	

물건 현황은 경매 물건의 현재 영업 상태를 확인합니다. 더불어 임차인이 지금의 임대료를 감당할 수 있는 곳인지 주위 임대료와 비교하여 확인합니다. 그리고 층별로 업종 구성은 어떻게 되어 있는지 살펴봅니다. 보통 같은 층에 병원, 학원 등의 업종이 몰려 있는 경우가 많습니다.

건물 관리 규약
건물 관리 규약은 상가 건물 내부의 자치 규정이다. 같은 건물 내부에 동종 업종 가게가 있으면 경쟁이 불가피하다. 이처럼 상가건물에는 자체적으로 만든 규약들이 있으니 반드시 확인해야 한다.

의료 시설, 교육 시설, 유흥 시설 등을 확인합니다. 건물 관리 규약에 따라 동종 업종 금지가 있을 수 있습니다. 이 부분도 확인합니다. 경매 물건에 같은 업종이 있다면 가게별 경쟁력을 확인합니다.

다음으로는 내부 공용 시설을 확인합니다. 사무실의 경우 개별난방이 아닌 곳이 많습니다. 이런 곳을 개별난방으로 변경하려면 공사비가 만만치 않습니다. 1층은 상관없지만 2층부터는 엘리베이터 유무에 따라 임대료 차이도 크고 업종도 제한됩니다. 건물이 오래된 경우는 누수를 조심해야 합니다. 증축 때도 많은 제약이 있습니다. 주차장도 확인합니다. 충분한 주차 공간 여부로 부동산 가치가 완전 달라집니다.

시세 체크리스트

대분류	소분류	내용		비고
시세	공인중개사 사무소	매매가		
		급매가		
		임대가		
		1층 권리금		
		2층 권리금		
		3층 권리금		
		1층 매매 수익률		
		2층 매매 수익률		
		3층 매매 수익률		
		실제 거래되는 수익률		
		해당 물건 권리금		
	관리소	평당 관리비		
		미납관리비		
		상가 내 공실 현황		

시세도 확인합니다. 현장 근처 부동산 중개사에서 분양평수, 평당분양가에 따른 매매가를 확인합니다. 급매가와 임대가도 확인합니다. 그리고 임차인의 임대가가 적정한지 주변 시세와 비교합니다.

분양평수
분양평수는 공급면적을 말한다. 전용면적과 주거공용면적을 더한 크기다.

다음으로는 각 층의 권리금과 매매 수익률을 확인합니다. 매매 수익률은 다음 식을 통해 계산하면 됩니다.

매매 수익률 계산식

$$\frac{\text{1년 임대료}}{\text{매매 가격 - 임대보증금}} \times 100 = \text{매매 수익률}$$

매매 수익률은 지역, 상권마다 다릅니다. 그래서 실제 거래되는 매매 수익률을 최대한 많이 확인해야 합니다.

이후에는 관리소에서 평당 관리비를 알아냅니다. 평당 관리비는 상가마다 천차만별입니다. 상가는 특성상 미납관리비가 많을 수 있으니 반드시 확인합니다. 또한 관리소를 통해 건물 전체의 공실은 얼마나 되는지도 확인해야 합니다.

현장 파악 체크리스트

대분류	소분류	내용		비고
현장 파악	공인중개사 사무소	해당 층수에 가능한 업종은?		
		임차인들이 선호하는 평형은?		
		상권을 주로 이용하는 고객은?		
	점유자	점유자는 임차인인가? 소유자인가?		
		점유자 업종은?		
		점유자가 들어온 시기는?		
		점유자의 장사는 잘 되는가?		
		점유자 인테리어 비용은?		
		간판 확보는 가능한가?		

마지막으로 현장 파악을 합니다. 경매로 이 물건을 낙찰받아 임대한다면 가능한 업종은 어떤 것이 있는지 확인합니다. 그리고 층별로 임차인이 선호하는 평형이 다릅니다. 일반적으로 3층 이상부터는 큰 평형을 많이 찾습니다. 또한 상권을 이용하는 고객이 주로 어떤 사람인지도 파악합니다.

점유자가 소유자인지 임차인인지도 확인합니다. 임차인이라면 재계약이 용이할 수 있으나 소유자는 어려울 수 있습니다. 점유자가 하고 있는 업종이 현 상가와 상권에 적합한지도 따져봅니다. 점유자가 들어온 시기도 중요합니다. 1년 내외라면 임차인이 인테리어와 권리금 때문에 지금 입지를 쉽게 포기하지 못합니다.

현재 점유자의 업종이 잘 되고 있다면 다른 비슷한 상권으로 옮길 수 있는지도 확인합니다. 그리고 점유자의 인테리어 비용을 대략적이라도 확인해야 합니다. 간판 위치도 확인합니다. 이런 내용을 기본적으로 알고 현장 조사를 하면 상가 현장을 효율적으로 할 수 있습니다.

본문에 있는 QR 코드 자료를 활용하여 나만의 현장 조사 체크리스트를 만듭시다. 꼼꼼한 현장 조사가 낙찰을 위한 지름길이 되어줄 것입니다.

현장 조사(상가) 체크리스트 서식

현장 조사(상가) 체크리스트

사건번호	0000타경1234	주소:	조사날짜	감정가	최저가	권리관계
			2020.00.00	4.5억	3.15억	없음

대분류	소분류	내용	상태			비고
			상	중	하	
입지여건	유동인구	유동인구가 많은가?				
		유동인구의 동선은 어떤가?				
		매장 앞 보도의 폭은 넓은가?				
		노점상이 밀집한 지역인가?				
		지하철/버스정류장 가까운가?				
		지하철/버스정류장 주로 이용하는 사람들은?(학생/직장인)				
상권	배후단지	배후단지의 규모가 최소 500가구 이상인가?				
		배후단지의 성격이 임차 사업 종목과 어울리나?				
	주민성향	배후단지의 거주자 경제적 수준은?				
		배후단지의 거주자 연령대는?				
		통행차량의 동선은?				
		주민들의 동선은?				
물건외부	물리적입지	도로변으로 접한 면이 있는가?				
		코너에 위치하였는가?				
물건내부	구조	내부구조는 좋은가?				
	입구	출입구의 문턱은 낮은가?				
	천장/바닥	천장이 높은가?				
		복층구조가 가능한가?				
		방수나 누수의 흔적은?				
	내부	매장 중앙에 기둥이 여러 개 인가?				
물건현황	현황	현재 영업상태가 양호한가?				
		층별 업종 구성은?				
		학원건물인가?				
		병원건물인가?				
		기타 유흥건물인가?				
		동종 업종 금지에 해당되는가?				
		상권내 경쟁 시설은?				
	내부 공용시설	개별 냉난방인가?				
		엘리베이터가 있는가?				
		건물의 노후화 정도는?				
	주변시설 주차장	충분한 주차공간이 있는가?				
		주차공간의 여유는 얼마나 되는가?				
시세	공인중개사 사무소	매매가는? (매매가/분양평수/평당분양가)				
		급매가는?				
		임대가는?				
		1층 권리금?				
		2층 권리금?				
		3층 권리금?				
		1층 매도 수익률?				
		2층 매도 수익률?				
		3층 매도 수익률?				
		실제 움직이는(거래되는) 수익률?				
		해당 물건 권리금은?				
	관리소	평당 관리비는?				
		미납관리비?				
		상가내 공실 현황				
현장파악	업종	해당 층수에 가능한 업종은?				
		임차인들이 선호하는 평형대는?				
		상권을 주로 이용하는 고객은 누구인가?				
	점유자	점유자는 임차인인가? 소유자인가?				
		점유자 업종은?				
		점유자가 들어온 시기는 언제인가?				
		점유자의 장사는 잘 되는가?				
		점유자 인테리어 비용은?				
		간판 확보는 가능한가?				

6단계

부동산 경매 투자의 수익

입찰가는
낙찰 전 결정해라

입찰가는 자신이 조사한 내용을 바탕으로 정합니다. 지인의 조언을 참고할 수는 있지만 최종 결정은 본인이 하는 것입니다. 스스로 입찰가를 산정하지 못하면 경매 시장에서 계속 남에게 의지하게 됩니다.

경매로 하나 낙찰받고 끝낼 것이 아니라면 계속 고민하고 모든 조건을 확인하고 스스로 입찰해야 합니다. 그러기 위해서는 감정에 휘둘리지 않고 이성적으로 생각할 수 있는 자기만의 기준을 꼭 만들어가야 합니다.

입찰가 산정표 작성하기

경매 물건 입찰가 산정표 (단위 : 만 원, 예시 : 전용면적 20평)

사건번호	입찰기일	감정가	최저가
2024타경1234	2024-08-23	10,000	7,000
매매 시세	전세 시세	월세보증금	월세
12,000	8,000	1,000	50
이전비	대출 이자	미납관리비	명도비
2.0%	4.0%	100	200
예상 수리비	기타 비용	입찰가 단위	비고
300	-	380	

입찰 가격		이전비		총투자금	
7,000		140		7,740	
대출 비중(70%)					
대출 원금	**순투자금**	**실투자금**	월 이자	월 수익	**연수익률**
4,900	2,840	1,840	16	34	22.0%
대출 비중(80%)					
대출 원금	순투자금	실투자금	월 이자	월 수익	연수익률
5,600	2,140	1,140	19	31	33.0%
시세 차익					
시세 차익			**순시세 차익**		
4,700			4,260		

입찰가 산정표는 사건번호, 입찰기일, 감정가, 최저가를 작성하고 조사한 시세를 매매 시세, 전세 시세, 월세보증금, 월세 순으로 입력합

니다. 낙찰 후에 세팅할 수 있는 정확한 시세가 중요합니다.

순투자금
잔금 납부 시 필요한 금액이다. 총투자금에서 대출금을 제외하고 이전비를 포함한 금액이다.

실투자금
순투자금에서 낙찰 물건의 임대차 보증금을 제외한 금액이다.

연수익률
대출 이자를 제외한 월세에 12개월을 곱한 금액이다.

시세 차익
조사했던 매매가를 기준으로 판단한 시세 차익이다.

순시세 차익
시세 차익에서 예상 수리비와 이전비를 제한 금액이다.

이전비

이전비는 취득세를 포함하여 법무 비용과 기타 비용을 합친 금액입니다. % 단위이며 역시 숫자만 입력하면 됩니다. 상가나 오피스텔 등의 비주택은 5%를 입력합니다. 주택 6억 원 이하는 2%, 6억~9억 원은 3%, 9억 원 이상은 4%를 적습니다. 다주택 중과 대상이라면 취득세 중과에 맞게 입력합니다.

대출 이자

대출 이자를 입력합니다. 현재 대출 금리를 감안해서 보수적으로 잡는 것이 좋습니다. 실제 여러 곳을 알아보시면 대출 금리를 생각보다 낮출 수 있습니다.

미납관리비

미납관리비를 입력합니다. 스피드옥션 사이트에 나와 있는 경우라도 반드시 관리소를 통해 확인합니다. 관리소에서 개인 정보라서 알려줄 수 없다고 하면 경매는 정보를 오픈할 의무가 있고 기본적인 정보를 알아야 낙찰에 참여 가능하다고 말하면 대부분 알려줍니다.

명도비

명도비는 예상 금액을 입력합니다. 완벽하게 빈집이라서 문도 쉽게 열 수 있는 경우라면 명도비가 필요 없을 것입니다. 하지만 이런 운 좋은 물건은 흔치 않습니다. 따라서 전용면적에 10만 원의 금액을 곱하여 입력합니다. 이는 강제집행 비용을 기준으로 한 것입니다.

예상 수리비

현장 조사에서 내부를 확인했다면 수리 여부를 가늠할 수 있습니다. 하지만 확인하지 못했다면 평균 수리비를 입력합니다. 전용면적에 15만 원을 곱하면 됩니다.

법무 비용
부동산을 낙찰받으면 경락잔금대출, 인도명령 등 법무사의 도움이 필요하다. 이때 발생하는 비용이 법무 비용이다. 세부적인 조건에 따라 비용은 다르니 필요한 서비스를 미리 알아보고 찾아보는 것이 좋다.

기타 비용
특수물건 등 추가로 비용이 발생하는 경우 기타 비용으로 적으면 된다.

실전 입찰가 산정

그럼 예를 들어 입력해보겠습니다. 먼저 하늘색 부분을 사건에 맞게 입력합니다. 당연히 시세 조사를 바탕으로 한 정확한 데이터가 필요합니다. 대출 비중은 보수적으로 부동산 규제에 따라 적절하게 입력합니다. 규제 지역이나 본인 여건에 따라 조절하면 됩니다.

표를 완성한 뒤에는 보라색 부분만 집중해서 보면 됩니다. 실투자금 대비 '연수익률'과 '순시세 차익' 부분입니다. 앞의 사례에서 대출이 낙찰가의 70% 정도 나오고 내가 목표로 한 임대 수익을 22%로 잡는다면 입찰가는 7,000만 원이 될 것입니다. 그리고 예상 시세 차익은 4,700만 원입니다.

그러나 본인이 입찰 전에 '나는 7,000만 원을 적었는데 바로 위에 7,100만 원을 적어서 낙찰된 사람이 있으면 후회할 것 같아'라고 생각할 수 있습니다. 이때는 입찰 가격을 높이면서 조절하면 됩니다. 입찰 가격이 높아지면 낙찰 확률도 높아집니다. 하지만 내가 처음에 정했던 수익률과 시세 차익은 낮아집니다. 이 점을 명심해서 입찰가 기준을 산정하면 됩니다.

해당 입찰가 산정 엑셀 자료는 QR 코드로 더 자세히 확인할 수 있으니 꼭 확인해보시기 바랍니다.

입찰표를 실전처럼 작성해라

경매 입찰을 위해 법원에 가면 다양한 모습을 볼 수 있습니다. 그 중 하나가 입찰표 작성입니다. 많은 사람들이 입찰표 작성 중에 실수를 저지릅니다. 이러면 다른 입찰자들과 경쟁도 제대로 해보지 못하고 돌아오게 됩니다. 더 심한 경우 치명적인 실수로 엄청난 금액을 손해보기도 합니다.

예를 들어 입찰가에 '0'을 하나 더 써서 몇백만~몇천만 원을 날리는 일들은 경매 법원에서 흔하게 접할 수 있는 일입니다. 입찰가와 입찰보증금을 바꿔 적는 경우도 꽤 발생합니다. 따라서 입찰표는 반드시 편안한 마음으로 작성해야 합니다.

개인 입찰표 작성하기

재매각 물건
대표적인 예로 낙찰자가 잔금을 납부하지 못한 경우 재매각 물건이 된다. 또 낙찰 과정에서 문제가 발생하여 매각불허가 처분이 나오면 재매각 물건이 된다.

인감도장
주민센터나 등기소에 신고한 도장을 말한다.

인감증명
주소지 관할 주민센터에 인감등록을 하면 인감증명을 활용할 수 있다.

여러 이유 때문에 매년 1만 건 이상의 사건이 낙찰 이후에 다시 경매에 부쳐지는 재매각 물건이 됩니다. 경매가 돈이 된다는 말만 듣고 사전 지식과 준비 없이 덤벼든 초보 경매 투자자들이 그 실수의 주인공입니다. 이들은 물건을 입찰 전에 끝까지 확인하지도 않고 법원으로 출발합니다. 경매가 취소, 취하, 변경되었음에도 그 물건에 입찰표를 제출하는 실수를 합니다. 사건번호만 쓰고 물건번호를 작성하지 않는 실수도 자주 합니다. 입찰 서류에 잘못 적은 부분을 볼펜으로 수정하고 제출해서 무효가 되기도 합니다. 분위기에 휩쓸리지 않고 냉정하게, 감정이 아니라 이성적으로 판단하는 것이 경매 투자의 시작입니다.

개인 입찰표 작성 준비물

먼저 3가지 준비물이 있습니다. 본인 신분증, 본인 인감도장, 입찰보증금입니다. 입찰보증금은 10%인지 20%인지 정확히 확인합니다.

대리인이 법원에 가는 경우는 다음과 같은 준비물이 필요합니다. 경매 입찰자 본인 인감도장, 명의자 본인 인감증명, 대리인 신분증, 대리인 인감도장, 대리인에게 위임한 위임장, 입찰보증금입니다.

하루 전에 은행에서 입찰보증금을 수표 1장으로 준비합니다. 그리고 당일 오전 10시까지 관할 법원 경매계에 도착합니다. 법원에 도착하면 **매수신청보증 봉투**, **입찰 봉투**, 기일입찰표(뒷면 위임장)를 받습니다. 이후 조용한 곳으로 가서 작성 준비를 합니다. 일반적으로 법원 구내식당을 많이 이용합니다.

위임장
경매 입찰 위임장은 기일입찰표 뒤에 있다.

매수신청보증 봉투
입찰보증금을 넣는 봉투를 말한다.

입찰 봉투
경매 당일에 매수신청보증 봉투와 기일입찰표를 입찰 봉투 안에 넣고 제출해야 한다.

개인 입찰표 작성 순서

수표 1장으로 찾은 입찰보증금을 매수신청보증 봉투에 넣고 사건번호와 입찰자 이름을 적습니다. 물건번호는 있으면 적고 없으면 비워둡니다. 그리고 '(인)'이라고 표시된 곳에 도장을 모두 찍습니다. 앞면 한 곳, 뒷면 세 곳에 있습니다. 대리인이 갔을 경우는 대리인의 이름을 적고 대리인의 인감도장을 찍습니다.

입찰 봉투에 매수신청보증 봉투를 넣고 제출자 성명에 이름과 도장을 날인합니다. 본인 칸에는 명의자 성명을 적고 인감도장을 찍습니다. 대리인 칸에는 대리인의 성명을 적고 인감도장을 날인합니다. 입찰 봉투 뒷부분에 사건번호와 물건번호(없으면 비워두기)를 적습니다. (인)에 본인 인감도장을 찍습니다. 대리인이 갔을 경우 대리인의 인감도장을 찍으면 됩니다.

이후 기일입찰표를 작성합니다. 미리 작성하면 좋습니다. 입찰기일, 사건번호, 물건번호(없으면 비워두기)를 적습니다. 그리고 단위에 주의해서 입찰가액에 입찰가를 적습니다. 또한 보증금액에 보증금을 적습니다. 보증금액은 보통 최저가의 10%이지만 아닌 경우도 있으니 꼼꼼히 확인합니다.

보증의 제공 방법은 '수표'에 체크합니다. '보증금 환급 받았습니다'에 본인 이름을 적고 도장을 찍습니다. 미리 해놓아야 실무상 법원도 입찰자도 편합니다. 뒷면은 대리인이 갔을 때만 작성하면 되므로 본인이 갔다면 비워두면 됩니다.

대리인이 갔을 경우 대리인 칸에 대리인의 성명, 전화번호, 주민등록번호, 대리인의 도로명주소를 적습니다. 이후 '보증금 반환 받았습니다'에 대리인 성명을 적고 인감도장을 찍습니다.

대리인은 기입입찰표 뒷장의 위임장을 추가로 작성해야 합니다. 위임장에 대리인의 성명, 직업, 주민등록번호, 전화번호, 대리인 도로명주소를 적습니다. 가운데에 사건번호도 적습니다. 그리고 본인1에 명의자 성명, 직업, 주민등록번호, 명의자 도로명주소를 적습니다. (인감인)에 명의자의 인감도장을 찍습니다.

모든 서류는 절대로 두줄 긋기나 화이트로 지워서는 안 됩니다. 잘못 기입했을 때는 서류를 새로 받아 처음부터 다시 작성해야 합니다. 그렇지 않으면 입찰은 무효가 되니 주의합시다.

서류 준비가 완료되면 신분증을 보여주고 입찰 서류를 제출합니다. 그러면 입찰자용 수취증을 돌려줍니다. 이것을 받아 챙기고 개찰을 기다립니다. 이 과정을 정리하면 다음과 같습니다.

입찰자용 수취증
입찰자용 수취증은 잃어버리면 패찰시 매수신청 보증금을 돌려받을 수 없으므로 반드시 소지해야 한다.

개찰
입찰 서류 제출을 마감하고 지정된 장소에서 입찰자들과 함께 입찰 서류를 개봉하는 행위를 말한다.

입찰 봉투 서식

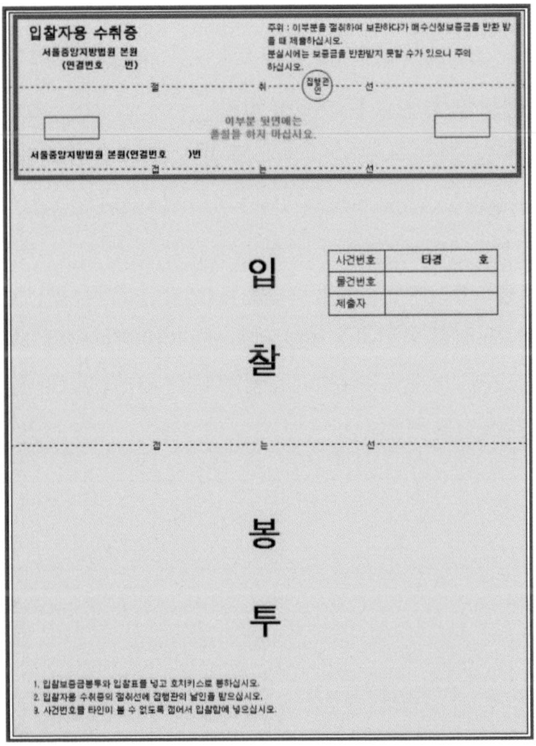
입찰자용 수취증
서울중앙지방법원 본원
(연결번호 번)
주의 : 이부분을 절취하여 보관하다가 매수신청보증금을 반환 받을 때 제출하십시오.
분실시에는 보증금을 반환받지 못할 수가 있으니 주의하십시오.
절 취 선
집행관인
이부분 뒷면에는
풀칠을 하지 마십시오.
서울중앙지방법원 본원(연결번호)번
접 는 선

입
찰

사건번호	타경 호
물건번호	
제출자	

접 는 선

봉
투

1. 입찰보증금봉투와 입찰표를 넣고 호치키스로 봉하십시오.
2. 입찰자용 수취증의 절취선에 집행관의 날인을 받으십시오.
3. 사건번호를 타인이 볼 수 없도록 접어서 입찰함에 넣으십시오.

출처 : 대한민국법원

개인 입찰표 작성 순서 정리

• 준비물

① 본인 신분증

② 본인 인감도장

③ 입찰보증금(정확히 확인하고, 수표 1장으로 준비)

④ 기일입찰표

• 입찰 준비

① 하루 전에 입찰보증금을 수표 한 장으로 준비합니다.

② 오전 10시까지 해당 법원 경매계에 도착합니다.

③ 매수신청보증 봉투, 입찰서류 봉투, 기일입찰표(뒷면 위임장)를 받아 옵니다.

④ 조용한 곳으로 가서 작성을 준비합니다(보통 구내식당을 많이들 이용합니다).

• 매수신청보증 및 입찰 봉투 작성 방법

① 입찰보증금을 매수신청보증 봉투에 넣고 사건번호와 이름을 적습니다. 물건번호는 있으면 적고 없으면 비워두면 됩니다. '(인)'이라고 표시된 곳에 인감도장을 모두 찍습니다.

② 입찰 봉투에 매수신청보증 봉투를 넣습니다. 앞면에 본인 이름을 적고 인감도장을 찍습니다. 뒷면 제일 상단 부분에 사건번호와 물건번호(없으면 비워둠)를 적습니다. 뒷면에 '(인)'이라고 표시된 곳에 모두 인감도장을 찍습니다.

• 기일입찰표 작성 방법

① 입찰기일, 사건번호, 물건번호(없으면 비워두기)를 적습니다.

② 본인 칸에 성명, 전화번호, 주민등록번호, 도로명주소를 적습니다.

③ 단위에 주의하며 입찰가액에 입찰가를 적습니다.

④ 보증금액에 보증금을 적습니다.

⑤ 보증의 제공 방법에서 '수표'를 체크합니다.

⑥ '보증금 반환받았습니다'에 본인 이름을 적고 인감도장을 찍습니다.

⑦ 뒷면은 '대리인'이 갔을 경우이므로 비워둡니다.

⑧ 신분증을 보여주고 입찰 서류를 제출합니다.

⑨ 입찰자용 수취증을 받고 개찰을 기다립니다.

개인 입찰표 작성 순서 정리(대리인)

- 준비물

① 대리인 신분증

② 대리인 인감도장

③ 입찰보증금(정확히 확인하고, 수표 1장으로 준비)

④ 기일입찰표 및 위임장

⑤ 명의자 본인 인감증명

⑥ 명의자 본인 인감도장

- 입찰 준비

① 하루 전에 입찰보증금을 수표 한 장으로 준비합니다.

② 오전 10시까지 해당 법원 경매계에 도착합니다.

③ 매수신청보증 봉투, 입찰 봉투, 기일입찰표(뒷면 위임장)를 받아옵니다.

④ 조용한 곳으로 가서 작성을 준비합니다(보통 구내식당을 많이들 이용합니다).

- 매수신청보증 및 입찰 봉투 작성 방법

① 입찰보증금을 매수신청보증 봉투에 넣고 사건번호와 대리인의 이름을 적습니다. 물건번호는 있으면 적고 없으면 비워두면 됩니다. '(인)'이라고 표시된 곳에 대리인의 인감도장을 모두 찍습니다.

② 입찰 봉투에 매수신청보증 봉투를 넣습니다. 앞면에 명의자 이름을 적고 명의자 인감도장을 찍습니다. 뒷면 제일 상단 부분에 사건번호와 물건번호(없으면 비워둠)를 적습니다. 뒷면에 '(인)'이라고 표시된 곳에 모두 대리인의 인감도장을 찍습니다.

• 기일입찰표 작성 방법

① 입찰기일, 사건번호, 물건번호(없으면 비워두기)를 적습니다.

② 본인 칸에 명의자의 성명, 전화번호, 주민등록번호, 도로명주소를 적습니다. 그리고 명의자 인감도장을 날인합니다.

③ 대리인 칸에 대리인의 성명, 전화번호, 주민등록번호, 도로명주소를 적습니다.

④ 단위에 주의하며 입찰가액에 입찰가를 적습니다.

⑤ 보증금액에 보증금을 적습니다.

⑥ 보증의 제공 방법에서 '수표'를 체크합니다.

⑦ '보증금 반환받았습니다'에 대리인 이름을 적고 대리인 인감도장을 찍습니다.

⑧ 위임장 대리인 칸에 대리인의 성명, 직업, 주민등록번호, 전화번호, 도로명주소를 적습니다.

⑨ 가운데에 사건번호를 적습니다.

⑩ 본인1에 명의자의 성명, 직업, 주민등록번호, 전화번호, 도로명주소를 적습니다.

⑪ '(인감인)' 표시에 명의자의 인감도장을 찍습니다.

⑫ 대리인 신분증을 보여주고 입찰 서류를 제출합니다.

⑬ 입찰자용 수취증을 받고 개찰을 기다립니다.

법인 입찰표 작성하기

법인 명의로 입찰
개인과 법인은 종합소득세, 양도소득세, 법인세 등 세금 관련하여 차이가 있다. 자신의 자산 상태를 분석하고 가장 좋은 조건으로 입찰하는 것이 좋다.

법인 입찰표 작성 준비물

법인 명의로 입찰 시 개인 입찰 때와는 다른 주의 사항이 있습니다. 우선 법인 등기부등본이 필요합니다. 대법원 인터넷등기소 사이트에서 쉽게 발급할 수 있습니다. 중요한 것은 반드시 '발급용'으로 받아야 합니다. '열람용'으로 출력하면 입찰이 무효가 됩니다. 법인 인감증명서는 가까운 등기소에 방문해야만 발급할 수 있습니다. 입찰 전에 미리미리 준비하는 편이 좋습니다.

법인 대표가 가는 경우는 법인 등기부등본, 대표이사 신분증, 법인 인감도장, 보증금 수표가 필요합니다. 경매에는 대표가 아닌 대리인이 가도 괜찮습니다. 대신 대리인이 가면 법인 인감증명서, 법인 인감도장, 대리인 신분증, 대리인 도장이 추가로 필요합니다.

법인 입찰표 작성 순서

법인 명의로 입찰하려면 대표이사가 직접 가서 입찰하는 경우와 대리인이 가서 입찰하는 경우를 각각 구분해서 챙겨야 합니다. 법인 명의로 입찰하러 가기 전에 준비물을 다 챙겼으면 해당 법원 입찰장에 가서 입찰 봉투, 매수신청보증 봉투, 기일입찰표, 위임장(기일입찰표 뒷면에 있음)을 챙깁니다. 그리고 작성하기 좋은 곳으로 이동하여 서류를 하나씩 작성하면 됩니다.

준비한 보증금 수표를 일단 매수신청보증 봉투에 넣습니다. 그리고 사건번호, 물건번호(없으면 비워두기), 제출자 성명을 작성합니다.

대표이사가 직접 갔을 경우는 법인 명의와 대표이사 이름을 적습니다. 대리인이 간 경우는 대리인의 이름을 적으면 됩니다.

이제 봉투를 접고 '(인)'이 있는 곳에 모두 법인 인감도장을 찍습니다. 이 경우에는 법인 인감도장을 찍습니다. 대리인이 갔다면 대리인의 인감도장을 찍으면 됩니다.

이제 매수신청보증 봉투를 입찰 봉투에 넣고 제출자 성명에 이름을 적습니다. 그리고 법인 인감도장을 찍습니다. 대표이사가 직접 갔을 경우는 입찰자 칸에 법인 명의와 대표이사 이름을 적습니다. 그리고 법인 인감도장을 찍습니다. 대리인은 없으니 비워두시면 됩니다.

대리인이 갔을 경우는 입찰자 칸에 법인 명의와 대표이사의 이름을 적고 법인 인감도장을 찍습니다. 대리인 칸에는 대리인의 이름을 적고 인감도장을 찍습니다. 입찰 봉투 뒷면에는 사건번호와 물건번호를 적습니다. 물건번호가 없으면 비워두면 됩니다. 그리고 '(인)'이 있는 곳에 모두 인감도장을 찍습니다.

이제 제일 중요한 기일입찰표를 작성합니다. 대표이사가 직접 갔을 경우의 방법입니다. 입찰기일, 사건번호, 물건번호를 적습니다. 물건번호는 없으면 비워둡니다. 본인 칸에 법인 명의 및 대표이사의 이름과 전화번호를 적습니다. 그리고 법인 인감도장을 찍습니다. 주민등록번호 칸에 사업자등록번호를 적고 법인등록번호 칸에는 법인등록번호를 적습니다. 도로명주소에는 법인이 위치하고 있는 주소를 적은 후 보증금액에 보증금을 적습니다. 보증금은 일반적으로 최저가의 10%이지만 특정 조건 때는 20%, 30%일 수도 있습니다. 반드시 사전에 확인합니다. 입찰가액에 단위를 주의해서 입찰가를 정확히 적습니다. 보증의 제공 방법은 '수표'에 체크하고 '보증금 반환 받았습니다' 밑에 대표이사의 이름을 쓰고 법인 인감도장을 찍습니다.

대리인이 갔을 경우입니다. 똑같이 입찰기일, 사건번호, 물건번호를 적습니다. 물건번호는 없으면 비워둡니다. 본인 칸에 법인 명의 및 대표이사의 이름과 전화번호를 적습니다. 그리고 법인 인감도장을 찍습니다. 주민등록번호 칸에 사업자등록번호를 적고 법인등록번호 칸에는 법인등록번호를 적습니다.

도로명주소에는 법인이 위치하고 있는 주소를 적고 대리인 칸에 대리인의 성명, 전화번호, 주민등록번호, 도로명주소를 적습니다. 그리고 대리인 인감도장을 찍습니다. 보증금액에 보증금을 적습니다. 입찰가액에 자신의 입찰가를 정확히 적습니다. 보증의 제공 방법은 '수표'에 체크하고 '보증금 반환 받았습니다' 밑에 대리인의 이름을 적고 인감도장을 찍습니다.

대리인이 갔을 경우는 기일입찰표 뒷면에 위임장을 작성해야 합니다. 대리인 칸에 대리인의 성명, 직업, 주민등록번호, 도로명주소를 적습니다. 그리고 가운데 부분에 사건번호를 적습니다. '본인1' 칸에 법인 명의와 대표이사 이름, 직업을 적습니다. 주민등록번호 칸에 사업자등록번호를 적고, 전화번호와 법인의 도로명주소를 적습니다. 명의자 인적 사항을 다 작성한 후에 '(인감인)' 부분에 법인 인감도장을 찍습니다. 이렇게 하면 이제 경매 입찰을 위한 서류 작성이 끝납니다.

혹시 잘못 적은 부분이 있다면 무조건 서류를 다시 받아 새로 작성합니다. 그렇지 않으면 무효 처리가 됩니다. 최종 확인을 한 뒤 서류를 제출합니다. 그리고 신분증을 보여주고 입찰자용 수취증을 받아서 경매 개찰을 기다립니다.

법인 입찰표 작성 순서를 정리하면 다음과 같습니다.

법인 입찰표 작성 순서 정리(대표이사)

• 준비물

① 대표이사 신분증

② 대표이사 인감도장

③ 보증금 수표

④ 법인 등기부등본(발급용)

⑤ 매수신청보증 봉투

⑥ 입찰 봉투

⑦ 기일입찰표

• 입찰 준비

① 법인 등기부등본을 발급용으로 준비합니다.

② 경매 당일 오전 10시까지 관할 법원 경매계에 도착합니다.

③ 입찰 봉투, 매수신청보증 봉투, 기일입찰표를 챙깁니다.

④ 조용한 곳으로 가서 작성을 준비합니다.

• 매수신청보증 및 입찰 봉투 작성 방법

① 보증금 수표를 매수신청보증 봉투에 넣습니다.

② 사건번호, 물건번호(없으면 비워두기), 제출자 성명을 작성합니다.

③ 법인 명의와 대표이사 이름을 적습니다.

④ 봉투를 접고 '(인)'에 법인 인감도장을 찍습니다.

⑤ 매수신청보증 봉투를 입찰 봉투에 넣습니다. 제출자 성명에 법인 명의와 대표이사 이름을 적고 법인 인감도장을 찍습니다.

⑥ 입찰 봉투 뒷면에 사건번호와 물건번호를 적습니다.

⑦ 봉투를 접고 '(인)'에 대표이사 법인 인감도장을 찍습니다.

• 기일입찰표 작성 방법

① 기일입찰표에 입찰기일, 사건번호, 물건번호(없으면 비워두기)를 적습니다.

② 본인 칸에 법인 명의 및 대표이사의 이름과 전화번호를 적습니다.

③ 법인 인감도장을 찍습니다.

④ 주민등록번호 칸에 사업자등록번호를 적습니다.

⑤ 법인등록번호 칸에 법인등록번호를 적습니다.

⑥ 도로명주소에는 법인이 위치하고 있는 주소를 적습니다.

⑦ 보증금액에 보증금을 적습니다.

⑧ 입찰가액에 입찰가를 적습니다.

⑨ 보증의 제공 방법은 '수표'를 체크합니다.

⑩ '보증금 반환 받았습니다' 밑에 대표이사의 이름을 쓰고 법인 인감도장을 찍습니다.

⑪ 신분증을 보여주고 입찰 서류를 제출합니다.

⑫ 입찰자용 수취증을 받고 개찰을 기다립니다.

법인 입찰표 작성 순서 정리(대리인)

• 준비물

① 직원(대리인) 신분증

② 직원(대리인) 인감도장

③ 보증금 수표

④ 법인 등기부등본(발급용)

⑤ 매수신청보증 봉투

⑥ 입찰 봉투

⑦ 법인 인감증명서 및 법인 인감도장

⑧ 기일입찰표와 뒷면 위임장

• 입찰 준비

① 법인 등기부등본을 발급용으로 준비합니다.

② 법인 인감증명서는 등기소에서 전날 미리 준비합니다.

③ 경매 당일 오전 10시까지 관할 법원 경매계에 도착합니다.

④ 입찰 봉투, 매수신청보증 봉투, 기일입찰표, 위임장을 챙깁니다.

⑤ 조용한 곳으로 가서 작성을 준비합니다.

• 매수신청보증 및 입찰 봉투 작성 방법

① 보증금 수표를 매수신청보증 봉투에 넣습니다.

② 사건번호, 물건번호(없으면 비워두기), 대리인 이름을 작성합니다.

③ 봉투를 접고 '(인)'에 대리인의 도장을 찍습니다.

④ 매수신청보증 봉투를 입찰 봉투에 넣고 제출자 성명에 법인 명의와 대표이사 이름을 적고 법인 인감도장을 찍습니다.

⑤ 대리인 칸에는 대리인의 이름을 적고 인감도장을 찍습니다.

⑥ 입찰 봉투 뒷면에 사건번호와 물건번호(없으면 비워두기)를 적습니다.

⑦ 봉투를 접고 '(인)'에 모두 인감도장을 찍습니다.

• 기일입찰표 작성 방법

① 기일입찰표에 입찰기일, 사건번호, 물건번호(없으면 비워두기)를 적습니다.

② 본인 칸에 법인 명의 및 대표이사의 이름과 전화번호를 적습니다.

③ 법인 인감도장을 찍습니다.

④ 주민등록번호 칸에 사업자등록번호를 적습니다.

⑤ 법인등록번호 칸에 법인등록번호를 적습니다.

⑥ 도로명주소에는 법인이 위치하고 있는 주소를 적습니다.

⑦ 대리인 칸에 대리인의 성명, 전화번호, 주민등록번호, 도로명주소를 적습니다.

⑧ 대리인 인감도장을 찍습니다.

⑨ 보증금액에 보증금을 적습니다.

⑩ '입찰가액에 입찰가를 적습니다.

⑪ 보증의 제공 방법은 '수표'를 체크합니다.

⑫ '보증금 반환 받았습니다' 밑에 대리인의 이름을 적고 인감도장을 찍습니다.

⑬ 신분증을 보여주고 입찰 서류를 제출합니다.

⑭ 입찰자용 수취증을 받고 개찰을 기다립니다.

입찰 준비를
완벽하게 끝내라

스케줄을 고려한다

입찰할 물건을 고르기 위해서 물건 검색을 할 때 보통 며칠 정도 여유를 두고 물건을 찾습니다. 만약 입찰일이 바로 내일이라면 물건을 조사하고 분석하여 입찰가를 산정하는 데 시간이 부족하기 때문입니다.

또한 입찰기일을 확인하여 입찰 당일 내가 확실히 시간을 낼 수 있는지, 나 대신 입찰 가능한 대리인이 있는지, 반드시 확인해야 합니다. 특히 직장인이라면 더 신경 써야 합니다. 입찰 당일은 최소 오전 9시에서 오후 1시까지는 시간을 비우고 스케줄을 짜야 합니다.

경쟁자를 고려한다

경매는 남들보다 제일 높은 입찰가를 적은 사람이 낙찰받는 시스템입니다. 따라서 내 눈에 좋아 보이는 물건은 남들 눈에도 마찬가지입니다. 입지 좋은 아파트가 대표적인 예라고 할 수 있습니다. 당연히 좋아 보이는 물건은 경쟁자들이 많아서 비싸게 살 수밖에 없습니다. 이들을 고려해서 나만의 기준을 만들어야 합니다.

권리분석으로 권리관계를 파악한다

법원 경매 물건은 일반 매매보다 저렴한 가격이 매력적이지만, 내가 입찰한 물건에 대항력이 있는 임차인이 있다면 임차보증금을 낙찰자가 물어줘야 할 수도 있습니다. 모두 다 그런 것은 아니지만 보통 유찰이 많이 된 물건이나 권리관계가 복잡한 물건은 낙찰자가 추가로 보증금을 부담해야 할 가능성이 높습니다. 따라서 경매 입찰 전에 낙찰금 이외에 낙찰자가 물어줘야 하는 돈은 없는지 정확하게 판단합니다.

시세 조사로 현재 가격을 알아낸다

법원에 명시되어 있는 경매 감정가는 감정을 하는 사람마다 스타일이 다르고 그 스타일이 감정가에 영향을 미치게 됩니다. 따라서 감정가의 정확성은 떨어지기 때문에 주의가 필요합니다. 또한 감정가는 경매 개시일 이전에 책정한 가격이라서 현재 시세보다 더 높을 수도 있습니다. 이런 가능성을 고려하지 않고 단지 감정가보다 싸다고 낙찰받으면 오히려 일반 매매보다 비싸게 사버리는 결과를 초래하게 됩니다. 반드시 정확한 시세를 파악한 후에 시세보다 싸게 낙찰받아야 수익이 생깁니다.

현장 조사를 한다

경매 물건 관련 정보는 대부분 인터넷과 전화로 얻을 수 있습니다. 하지만 확인이 어려운 부분도 분명 존재합니다. 이런 사항을 미리 확인하고 현장에 가야 합니다. 현장에 가서 정확한 답을 찾지 않고 경매에 입찰하면 놓쳤던 부분으로 곤란한 상황에 처하거나 후회하는 경우가 종종 있습니다.

직접 현장을 방문해서 점유자, 이웃, 관리소장, 부동산 중개사 등을 만나 성향과 정보를 파악하는 것이 중요합니다. 현장에서는 미처 생각지 못한 정보들도 꽤 있습니다. 그래서 입찰 전에는 물건 현장으로 반드시 가봐야 합니다.

낙찰 후 들어가는 부대 비용을 확인한다

경매는 입찰 때 적은 낙찰금 이외에도 여러 비용이 들어갑니다. 이런 금액을 충분히 확인한 후에 입찰가를 산정해야 합니다. 취득세, 법무비, 대출 이자 비용, 미납관리비, 명도비, 수리비, 중개비 등을 계산합니다.

명도가 생각보다 꼬여버린다면 강제집행을 해야 할 수 있습니다. 초반에 생각했던 대로 일이 진행되지 않으면 추가로 들어가는 비용이 생길 수 있으니 부대 비용을 여유 있게 책정하는 것을 추천드립니다.

경매 진행 기간을 고려한다

경매는 법원의 진행 절차에 따라 이루어집니다. 때문에 낙찰 후에 바로 소유권이 넘어오지 않습니다. 경매 관련 이해관계인이 얽혀 있으므로 매각 허가 결정, 확정 기간, 잔금 납부 기간을 잘 활용해야 합니다. 예를 들어 잔금 납부 기간에는 경락잔금대출을 알아봐야 합니다.

소유권이 이전되어도 점유자가 나가지 않고 버틴다면 또 시간이 걸릴 수밖에 없습니다. 내부 수리 및 인테리어 기간과 임대 및 매도를 위한 시간 등도 고려해야 합니다. 기간을 넉넉히 잡고 계획을 세워서 경매를 진행해야 곤란한 상황을 피할 수 있습니다.

자금 계획을 구체적으로 세운다

경매는 입찰 당일에 입찰보증금으로 최저가의 10%(재매각의 경우 20%)를 맡겨야 합니다. 낙찰된다면 매각 허가 결정 및 확정 이후 대략 한 달 정도의 잔금 납부 기한이 주어집니다. 따라서 경락잔금대출을 받아서 잔금을 납부할 계획이라면 어느 정도 대출 금액을 계산하고 입찰해야 합니다. 구체적인 자금 계획 없이 입찰했다가 돈을 마련하지 못해서 낙찰을 받고도 그 물건을 포기할 수밖에 없는 경우도 종종 생기게 됩니다. 만약 잔금을 미납하게 되면 경매 당일 맡겨 두었던 입찰보증금은 법원에 귀속되어 배당금으로 나가게 되므로 주의해서 자금 계획을 세워야 합니다.

대출상담사
낙찰받으면 여러 명의 대출상담사에게 명함을 받을 수 있다. 대출상담사마다 제공하는 대출 서비스가 다르기 때문에 최대한 많이 조사해보는 것이 좋다. 예를 들어 중도상환수수료가 없는 대출 같은 경우는 대출상담사가 아니면 일반인이 알아보기는 힘든 대출이다.

입찰 방법을 미리 숙지한다

입찰가와 보증금을 혼동해서 바꿔 적는 경우, 입찰가에 0을 하나 더 쓰는 경우, 대리 입찰 시 위임장에 도장을 찍지 않는 경우, 기한이 지난 인감증명서를 첨부하는 경우 등은 실제 법원에서 늘 일어나고 있는 일입니다.

입찰가 산정을 잘해서 최고가로 제출해도 이런 실수가 발생하면 무효 처리가 돼버립니다. 따라서 사전에 입찰 서류 작성법을 충분히 숙지한 뒤 입찰해야 합니다. 입찰 전날 미리 작성해놓고 당일 가져가는 것은 실수를 줄일 수 있는 좋은 방법입니다.

입찰장 분위기에 휩쓸리지 않는다

경매를 진행하는 해당 법원 입찰장은 언제나 사람으로 가득합니다. 실제 입찰하는 사람들도 있고 경매 투자를 연습하러 나온 사람도 있습니다. 그 밖에 대출상담사, 컨설팅업체, 경매 학원 관계자, 수강생 등 다양한 사람이 있습니다.

경매장에서는 이런 분위기에 휩쓸려 괜히 입찰가를 수정하기도 합니다. 이런 경우 감정이 반영되어 원하는 수익률이 나오지 않을 수 있습니다. 따라서 입찰장에 사람이 많더라도 미리 결정한 입찰가를 가급적 수정하지 않아야 후회가 남지 않습니다.

입찰 전에 반드시 확인해야 체크리스트

• 준비물

① 스케줄을 고려한다.

② 경쟁자를 고려한다.

③ 권리분석으로 권리관계를 파악한다.

④ 시세 조사로 현재 가격을 알아낸다.

⑤ 현장 조사를 한다.

⑥ 낙찰 후 들어가는 부대 비용을 확인한다.

⑦ 경매 진행 기간을 고려한다.

⑧ 자금 계획을 구체적으로 세운다.

⑨ 입찰 방법을 미리 숙지한다.

⑩ 입찰장 분위기에 휩쓸리지 않는다.

낙찰로 수익을 창출해라

끊임없는 도전

부동산 경매에 관심을 가져도 실제 입찰까지 하는 사람은 정말 드뭅니다. 입문자에게 부동산 경매 절차는 복잡하기 때문입니다. 하지만 수없이 많은 입찰을 경험해야만 언젠가 낙찰의 기회를 만들 수 있습니다.

그럼 입찰을 최대한 많이 하기 위해서는 어떻게 해야 할까요? 핵심은 '빠르게, 효율적으로'입니다. 지금도 수많은 경매 물건이 쏟아지고 있습니다. 이런 물건을 최대한 빠르고 효율적으로 검색해야 합니다. 그래야 시간을 아끼고 단기간에 끝낼 수 있습니다.

물건을 보고 입찰 여부를 가늠하기까지 1분, 단 1분 내로 판단해야 합니다. 그래야 하루에 100개 이상의 물건을 살펴보는 것이 물리적으로 가능합니다. 물건 검색 중 돈을 버는 데 꼭 필요한 정보만 확인하고 불필요한 정보는 그냥 넘어가는 습관이 필요합니다. 호기심을 불러일으키는 정보는 대부분 수익과 상관없는 정보인 경우가 꽤 많습니다. 경매 투자자 입장에서는 궁금해할 필요가 없는 정보라는 것입니다. 이런 효율적인 습관을 기르기 위해서는 반복적인 연습과 훈련이 필요합니다.

시간이 날 때마다 스마트폰으로 틈틈이 시세 조사를 하시기 바랍니다. 그래야 나만의 기준이 잡히고 현장 조사에서도 제대로 된 조사를 할 수 있습니다. 이렇게 입찰가가 정해지면 이제 낙찰을 위한 준비를 하면 됩니다.

낙찰이 먼저다

낙찰을 받으려면 입찰가를 제대로 적어야 합니다. 수익을 최대로 내면서도 남들보다는 높게 적어야 합니다. 어떻게 해야 이게 가능할까요?

부동산 경매 투자자가 입찰가를 정하는 기준은 비슷합니다. 앞의 시세 조사나 현장 조사 결과를 토대로 대략적인 수익을 계산하고 입찰가를 정하는 것입니다.

경매는 입찰가를 낮추면 수익은 커지지만 낙찰 가능성도 낮아집니다. 반면에 입찰가를 높이면 수익은 낮아지지만 낙찰 확률은 올라갑니다. 그리고 경매 투자자들은 대부분 비슷한 입찰가를 정하고 비슷한 수익을 바라고 있습니다.

예를 들어 한 투자자가 특정 경매 물건의 시세를 2억 3,000만 원으로 계산했습니다. 이 투자자는 해당 물건을 2억 원에 입찰하려 생각 중입니다. 매매 차익 3,000만 원 정도를 생각한 것입니다. 문제는 다른 입찰자들도 이 투자자와 비슷하게 생각한다는 것입니다.

차라리 500만 원을 올려서 2억 500만 원의 입찰가를 적으면 낙찰 가능성이 올라갑니다. 그러면 대신 수익이 예상했던 3,000만 원에서 2,500만 원으로 줄어들 것입니다. 하지만 낙찰을 받지 못하면 수익은 0원입니다. 이처럼 낙찰에는 욕심 조절이 중요합니다. 그래야 수익 실현이 가능합니다.

유찰되기 전이 기회다

경매 투자자는 보통 유찰된 물건에 관심을 많이 가집니다. 유찰되어야 시세보다 싸게 입찰할 수 있기 때문입니다. 그래서 유찰되지 않은 물건들은 그냥 지나치는 경우가 많습니다. 그렇게 지나친 어떤 물건은 한 번 유찰되어 최저가가 내려갔을 때 더 비싸지기도 합니다. 오히려 한 번도 유찰되지 않았던 그때가 기회였던 것입니다.

이렇게 아무도 관심을 가지지 않는 시기를 노리는 것도 낙찰 확률을 높이는 방법입니다. 특히 부동산 상승기에는 감정했던 시기보다 입찰하는 시기에 시세가 많이 올라 있습니다. 따라서 유찰 전에 최초 입찰을 하여도 수익이 나는 경우도 많습니다.

기일입찰표 및 위임장 서식

[전산양식 A3360] 기일입찰표(흰색) 용지규격 210mm×297mm(A4용지)

(앞면)

기 일 입 찰 표

지방법원 집행관 귀하 입찰기일 : 년 월 일

사건번호	타경 호	물건번호	※물건번호가 여러개 있는 경우에는 꼭 기재

입찰자	본인	성 명		전화번호	
		주민(사업자)등록번호		법인등록번호	
		주 소			
	대리인	성 명		본인과의 관계	
		주민등록번호		전화번호	−
		주 소			

입찰가격	천억	백억	십억	억	천만	백만	십만	만	천	백	십	일	
													원

보증금액	백억	십억	억	천만	백만	십만	만	천	백	십	일	
												원

보증의 제공방법	☐ 현금·자기앞수표 ☐ 보증서	보증을 반환 받았습니다. 입찰자

주의사항.

1. 입찰표는 물건마다 별도의 용지를 사용하십시오. 다만, 일괄입찰시에는 1매의 용지를 사용하십시오.
2. 한 사건에서 입찰물건이 여러개 있고 그 물건들이 개별적으로 입찰에 부쳐진 경우에는 사건번호외에 물건번호를 기재하십시오.
3. 입찰자가 법인인 경우에는 본인의 성명란에 법인의 명칭과 대표자의 지위 및 성명을, 주민등록란에는 입찰자가 개인인 경우에는 주민등록번호를, 법인인 경우에는 사업자등록번호를 기재하고, 대표자의 자격을 증명하는 서면(법인의 등기사항증명서)을 제출하여야 합니다.
4. 주소는 주민등록상의 주소를, 법인은 등기기록상의 본점소재지를 기재하시고, 신분확인상 필요하오니 주민등록증을 꼭 지참하십시오.
5. **입찰가격은 수정할 수 없으므로, 수정을 요하는 때에는 새 용지를 사용하십시오.**
6. 대리인이 입찰하는 때에는 입찰자란에 본인과 대리인의 인적사항 및 본인과의 관계 등을 모두 기재하는 외에 본인의 위임장(입찰표 뒷면을 사용)과 인감증명을 제출하십시오.
7. 위임장, 인감증명 및 자격증명서는 이 입찰표에 첨부하십시오.
8. 일단 제출된 입찰표는 취소, 변경이나 교환이 불가능합니다.
9. 공동으로 입찰하는 경우에는 공동입찰신고서를 입찰표와 함께 제출하되, 입찰표의 본인란에는"별첨 공동입찰자목록 기재와 같음"이라고 기재한 다음, 입찰표와 공동입찰신고서 사이에는 공동입찰자 전원이 간인 하십시오.
10. 입찰자 본인 또는 대리인 누구나 보증을 반환 받을 수 있습니다.
11. 보증의 제공방법(현금·자기앞수표 또는 보증서)중 하나를 선택하여 ☑표를 기재하십시오.

출처 : 대한민국법원 법원경매정보

(뒷면)

위 임 장

대리인	성 명		직업	
	주민등록번호	-	전화번호	
	주 소			

위 사람을 대리인으로 정하고 다음 사항을 위임함.

다 음

지방법원 타경 호 부동산

경매사건에 관한 입찰행위 일체

본인 1	성 명	인감인	직 업	
	주민등록번호	-	전 화 번 호	
	주 소			
본인 2	성 명	인감인	직 업	
	주민등록번호	-	전 화 번 호	
	주 소			
본인 3	성 명	인감인	직 업	
	주민등록번호	-	전 화 번 호	
	주 소			

* 본인의 인감 증명서 첨부

* 본인이 법인인 경우에는 주민등록번호란에 사업자등록번호를 기재

지방법원 귀중

출처 : 대한민국법원 법원경매정보

7단계

부동산 경매 투자의 비용

경락잔금대출로

투자금을 조달해라

경매 진행 절차상 낙찰이 되었다고 안심할 수는 없습니다. 입찰일로부터 14일까지는 언제든지 경매가 취소될 수 있기 때문입니다. 따라서 낙찰자는 입찰 후 14일 동안 경락잔금대출을 받는 것에 집중해야 합니다.

경락잔금대출 전 주의 사항

가능한 많은 은행 지점을 알아본다

지점장마다 직원마다 대출 금액과 이자율이 모두 다릅니다. 최대한 많이 알아보시기 바랍니다.

대출 전 체크리스트

① 물건 인근, 나의 거주지 주변 은행 지점부터 전화하기
② 대부계 또는 대출계를 바꿔달라고 해서 담당 직원에게 경락잔금대출을 취급하는지 문의하기
③ 취급한다면 사건번호를 말하고 상담받기
④ 취급하지 않으면 끊고 다른 곳 전화하기
⑤ 양식에 맞춰 거치기간, 변동고정 여부, 연장 여부를 기재하기
⑥ 입찰 시 작성한 가치분석표에 대출 조건을 넣고 수익률 좋은 곳 찾기
⑦ 수익률이 동일하거나 큰 차이 없다면 대출 금액이 크고 거치기간이 긴 곳을 선택하기

체크리스트 양식은 첨부한 QR 코드에 있습니다.

은행명	대분류	중분류
신협	경기도	수원시

지점명	전화번호
동수원신용협동조합 영통로지점	031-000-0000

대출 비율	대출 이자	거치기간	변동/고정
70%	5.5%	1년	변동

중도상환수수료	만기 후 연장 여부	비고
2.0%	불가	예시

1) 표를 양식대로 만듭니다.
2) 앞에 적힌 설명대로 양식을 채웁니다.
3) 입찰일로부터 14일 이내는 대출 조사만 합니다.
4) 14일이 지나 매각 허가 결정이 확정되면 파일을 보고 최종적으로 대출 은행을 확정합니다.

경락잔금대출 받기

경매에서 낙찰받아 매각 허가 결정이 확정되면 잔금 납부 기간을 통보합니다. 그러면 낙찰자는 잔금 납부 전까지 경락잔금대출을 알아봐야 합니다. 물론 금전적으로 여유가 있어서 자기 돈으로 잔금을 모두 납부하는 경우도 있습니다. 바로 전세로 나가거나 매수자가 빠르게 확정되었다면 이렇게 해도 괜찮습니다. 그러나 레버리지를 활용해야 더 큰 돈을 굴릴 수 있습니다. 일반적으로 경매 투자 공부를 조금이라도 하셨다면 본인 돈으로 모두 잔금을 납부하는 것은 현명한 선택이 아닙니다. 대출을 이용해야 더 많은 수익을 낼 수 있기 때문입니다.

경락잔금대출을 받기로 했다면 은행에 방문합니다. 준비한 대출 서류를 제출하고 사인을 하거나 도장을 찍어야 합니다. 이때 주의할 점은 제출해야 하는 서류를 잘 챙겨야 한다는 점입니다.

경락잔금대출을 받을 때 고려 사항

먼저 본인에게 맞는 여러 조건을 확인합니다. 대출 금액(한도), 금리, 거치기간, 중도상환수수료, 대출 연장 가능 여부 등을 금융사별로 각각 비교해서 정리합니다. 그리고 정리된 내용을 살펴보고 분석하면서 나에게 유리한 조건을 찾습니다. 어떤 조건으로 대출을 받아야 나의 여건과 상황에서 좋은 투자가 될 수 있을지 생각해보기 바랍니다.

그렇게 제일 만족스러운 조건으로 대출을 받을 금융사를 정했다면 이제 대출에 필요한 서류를 준비해야 합니다. 챙겨야 할 대출 관련 서류들은 대출상담사나 금융사에서 문자로 알려 줍니다. 같은 서류가 여러 장 필요할 수도 있으니 몇 부를 발급받아야 하는지 잘 확인합니다.

중도상환수수료
대출을 유지하지 않고 중도 상환할 때 발생하는 수수료다. 보통 낙찰받은 물건을 임대하지 않고 매매할 때 중도 상환하는 경우가 많다.

경락잔금대출 필요 서류

일반적으로 경락잔금대출에 필요한 서류는 다음과 같습니다.

경락잔금대출 필요 서류

① 입찰보증금영수증(낙찰 당일 낙찰자에게 줍니다)
② 대금지급기한통지서(낙찰 2주 후 우편으로 받습니다)
③ 인감증명서 3부
④ 주민등록등본 1부
⑤ 주민등록초본 2부
⑥ 지방세납세증명서(미납 세금이 있으면 안 됩니다)
⑦ 국세납세증명서(미납 세금이 있으면 안 됩니다)
⑧ 소득금액증명원 또는 근로소득원천징수영수증
⑨ 재직증명서 또는 위촉증명서
⑩ 신분증
⑪ 인감도장

해당 표를 참고하여 경락잔금대출을 받을 때 필요한 서류를 숙지하기 바랍니다.

주거래 은행 만들기

대출상담사나 대출을 자주 받는 주거래 은행을 만들어 놓으면 대출 받기가 좀 수월한 편입니다. 그러면 내가 경매 투자를 하고 있다는 사실을 은행 직원이 인지하고 있으므로 대출 절차를 좀 더 빠르게 진행할 수 있습니다. 또는 대출담당자도 서로 인맥과 인프라가 있기 때문에 본인 지점에서 대출이 힘들면 다른 가능한 지점을 소개해주고 연결해주기도 합니다.

가능한 경락잔금대출을 이용해서 경매 수익을 더 높이도록 합시다. 최대한 대출 이자만 내다가 원금은 부동산을 매도할 때 상환하면 됩니다.

아파트 투자 시 주의 사항

아파트 투자를 할 때는 기본적으로 두 가지를 알아야 합니다. 주택담보대출인 LTV(담보인정비율)와 DTI(총부채상환비율)입니다.

LTV

LTV는 '집을 담보로 돈을 얼마나 빌릴 수 있는가'입니다. 쉽게 얘기해서 LTV가 70%라면 2억 원짜리 주택은 1억 4,000만 원까지 대출이 가능하고, 3억 원짜리 주택이라면 2억 1,000만 원까지 대출이 가능한 것입니다. LTV는 '주택 가격 비율'이라고 알아두시면 됩니다.

DTI

DTI는 연 소득에서 매년 갚아야 하는 원금 이자의 상환액 비율을 대출 이자의 상환 능력으로 나눈 비율입니다. DTI가 60%라면 본인 연 소득이 5,000만 원이라면 원금 + 이자의 원리금 상환 금액 능력을 3,000만 원으로 보고 이 금액을 초과하지 않도록 대출 규모를 제한하는 것입니다. 부동산 투기 과열을 막고자 DTI 규제를 확대하기도 합니다. 이는 소득을 적게 신고한 자영업자나 상환 능력은 있지만 소득이 없는 은퇴자에게는 불리하게 작용할 수 있습니다.

대출 가능 금액 계산하기

인터넷 검색으로 계산기를 찾아 쉽게 확인할 수 있지만, 간단히 설명하자면 '연봉의 10배'가 총 대출 가능 금액입니다. 이게 내가 대출받을 수 있는 한도라고 보면 됩니다. 예를 들어 연봉이 3,000만 원인데 5억 원의 아파트를 낙찰받았습니다. 그렇다면 대출 가능 금액은 3,000만 원의 10배인 3억 원입니다. 물론 금액은 상황과 여건, 얼마나 발품을 파느냐에 따라 좀 더 받거나 덜 받을 수도 있습니다.

이처럼 부동산에서 중요한 것은 대출의 생리를 잘 알고 잘 이용하는 것입니다. 대출과 관련된 세세한 숫자는 시기와 상황 그리고 여건에 따라 매번 달라집니다. 그래서 '은행이 대출을 어떤 식으로 해주는지'를 포인트로 생각해야 합니다. 그래야 여러분이 다음에 낙찰받고 대출받을 때 대응할 수 있습니다.

방공제
「주택임대차보호법」의 최우선변제액 때문에 발생하는 현상이다. 은행에서는 최우선변제하는 액수만큼 대출액에서 미리 제하고 대출해주는 추세다.

은행은 지점끼리 경쟁하는 경우도 있습니다. 제2금융권 중 A지점은 대출이 안 되지만 B 지점은 가능한 경우도 있습니다. 그런 경우 A지점 대출상담사에게 이 상황을 전달하면 A지점에서 대출을 해주는 경우도 있습니다. 서로 경쟁 지점이라 '거기가 해주면 우리도 해주겠다'라고 하는 것입니다.

방공제 면제받는 법

대출은 규제에 따라서 잘 나올 때도 있고, 받기 힘들 때도 있습니다. 그러나 기본적인 조건이 된다면 어떻게든 대출이 가능합니다.

주택담보대출이나 경락잔금대출을 알아보게 되면 방공제라는 말을 들을 수 있습니다. '방공제 때문에 대출금이 많이 안 나온다'라고 말하는 경우입니다.

방공제는 경락잔금대출을 포함하여 주택을 담보로 대출을 받을 때, 최우선변제액에 해당하는 금액만큼 빼고 대출을 해주는 것입니다. 은행 입장에서는 담보가 경매에 넘어갔을 때 최우선변제액만큼 손해를 볼 수 있기 때문입니다.

대출할 수 있는 금액에서 최우선변제금은 각 지역마다 기준 금액이 다릅니다. 대부분 이 금액을 제하고 대출해줍니다. 이때 활용해야 할 것이 바로 MCI와 MCG입니다. 이 두 가지를 활용한다면 더 많은 대출금을 확보할 수 있습니다.

MCI, MCG로 방공제 돌려받기

MCI(Mortgage Credit Insurance)는 '모기지신용보험'의 약자입니다. 서울신용보증보험에서 실행하는 보험상품으로 보증료를 은행에서 대납해줍니다. 따라서 방공제 없이 대출이 가능합니다. 1인당 2건만 사용 가능하니까 적절하게 이용하면 되겠습니다. 만약 MCI를 활용해서 대출을 받았고, 이 대출을 상환하면 사용한 MCI는 다시 살아나게 됩니다.

MCG(Mortgage Credit Guarantee)는 '모기지신용보증'의 약자입니다. 주택금융공사에서 실행하는 보험상품이고 본인이 직접 보증료를 내야 합니다. 경락잔금대출 포함 주택담보대출 시점에 주택금융공사에서 보증료가 빠져나갑니다. 보통 1억 원 대출에 MCG 보증료가 7~8만 원 정도입니다.

MCG 또한 1인당 2건을 이용할 수 있으니 적절하게 사용해야 합니다. 한 가지 팁을 드리자면 MCG를 사용한 상태에서 MCI를 사용하려면 1건이 제한됩니다. 따라서 MCI를 먼저 사용 후에 MCG를 사용하는 것이 이득입니다.

기본적인 것은 앞서 말한 것과 같지만, 은행마다 상품마다 취급 상황이 모두 다릅니다. 또한 MCI와 MCG 모두 은행권에서 가계대출 상품의 한도를 줄이거나 대출 자체를 중단할 때 큰 영향을 받는 상품입니다. 그래서 항상 많은 곳에서 대출을 알아봐야 합니다. 투자자 입장에서는 MCI와 MCG를 최대한 잘 활용하시기 바랍니다. 그리고 이 2가지를 모두 다 사용하셨다고 해도 투자는 계속 이어나가야 합니다.

경락잔금대출과 주택담보대출 이외에도 대출 상품은 넘쳐납니다. 대출을 잘 이용해서 투자금을 줄이고, 수익률을 높이시기 바랍니다. 나중에는 사업자를 내는 것도 하나의 방법이 될 수 있습니다.

다가구 투자 시 주의 사항

그렇다면 다가구는 어떨까요? 예를 들어 1억 600만 원에 다가구를 낙찰받았습니다. 모두 8가구인데 각각 보증금 500만 원에 월세 30만 원을 받아도 총 4,000만 원의 보증금에 한 달에 240만 원이 들어옵니다. 이때 대출은 어떻게 될까요? 이런 다가구들은 방공제를 할까요?

방공제와 관련해서는 앞에서 언급한 MCI, MCG가 있습니다. 하지만 다가구는 MCI, MCG가 어렵습니다. 왜냐하면 8개~10개 가까이 되는 다가구를 모두 보장해줄 수는 없기 때문입니다.

신탁대출

신탁은 믿고 맡긴다는 것입니다. 즉, 내 소유의 부동산이지만 명의를 신탁회사로 넘깁니다. **신탁회사**를 믿고 소유권을 넘기면 것입니다. 이렇게 소유권을 넘기면 나에게는 '**수익권**'이라는 것이 발생합니다. 해당 물건의 보증금은 신탁회사로 넘어가고 월세를 받는 권한은 나에게 있는 것입니다. 그렇다면 실질적으로 해당 물건을 관리하고 월세를 받는 것은 나의 권리 아래 있다고 보면 됩니다.

신탁회사
부동산 신탁 상품을 운영하는 회사는 대표적으로 한국토지신탁, KB부동산신탁, 대한토지신탁, 하나자산신탁, 한국자산신탁 등이 있다.

수익권
이익을 받는 권한. 이 경우에는 신탁회사에서 받는 월세를 말한다.

은행은 주택담보대출을 해주는 것이 아니라 이런 수익권을 보고 대출을 해줍니다. 그 결과 방공제가 없는 대출이 가능합니다. LTV를 적용받지 않는 셈입니다. 수익권이 대출담보가 되는 것입니다. 이 신탁은 단순히 다가구 대출만 해주는 것이 아니라 우리가 하는 투자에 모두 연계가 가능한 대출 방법입니다.

신탁대출의 종류

신탁은 크게 담보신탁, 처분신탁, 관리신탁 이렇게 세 가지가 있습니다. 담보신탁은 앞서 설명한 소유권을 넘기고 대출을 받는 것입니다.

처분신탁은 소유자 대신 부동산을 처분하는 것입니다. 이는 소유자가 처분하기 힘든 부동산을 처분할 때 활용할 수 있습니다. 예를 들어 부동산의 규모가 상대적으로 크거나 권리관계가 복잡하여 매수자를 구하기 어려운 경우를 생각하면 됩니다. 그러면 근처 부동산에 맡기지 않고 신탁회사에 맡겨 처리합니다. 신탁회사는 온비드 사이트를 통해 처분 공고를 올리게 됩니다.

관리신탁은 여러 가지로 관리를 해주는 것입니다. 아파트 투자를 하다 보면 건물 등기부에 제일 먼저 신탁회사가 나와 있고 그다음에 소유권 등기 이전이 되어 있는 것을 보셨을 겁니다. 예전에는 토지의 대출이 있는 상태에서 집합 건물인 큰 상가를 분양했습니다. 토지를 쪼개서 했었죠. 그러다가 땅이 경매로 진행되는 경우가 있습니다. 이 상태에서 경매가 진행되면 건물은 법정지상권이 성립하지 않습니다. 그럼 건물을 분양받은 사람들은 돈을 다 날리게 되는 것입니다. 이런 사태가 발생한 적이 있었는데 똑같은 일을 방지하고자 관리신탁이 생겼습니다.

신탁대출의 활용

아파트나 큰 상가로 대표되는 집합 건물은 토지에 근저당이 있으면 아예 건물을 지을 수 없습니다. 즉, 선분양을 못하는 것입니다. 그러면 어떻게 해야 할까요?

혹시 길을 걷던 중에 '시행사 ○○, 시공사 ○○건설, ○○ KB 담보신탁'이라고 쓰인 플래카드를 보셨나요? 이게 어떤 의미일까요?

은행은 토지에 근저당을 거는 것이 아니고 신탁회사를 걸어서 대출을 일으킵니다. 신탁이 설정되면 신탁법에 의해 근저당이나 가압류 설정이 되지 않습니다. 따라서 경공매 진행이 되지 않습니다. 즉, 선분양하는 아파트를 구매하기 위해 대출할 때 신탁으로 대출을 끼면 분양자들이 돈을 날릴 일이 없겠죠. 그래서 건물 등기를 보면, 수요자가 신탁회사에서 분양받은 사람으로 넘어가게 되어 있습니다.

앞서 이야기한 이유로 신탁공매는 우리가 흔히 아는 일반 매매와 같습니다. 즉, 온비드 공매 사이트를 이용할 뿐 신탁공매는 일반 매매 형식입니다. 따라서 말소기준권리도 없습니다.

그렇다면 신탁공매 권리분석은 어떻게 하면 되는 걸까요? 바로 공고문을 보고 합니다.

대출과 관련된 모든 것이 서로 맞물려 돌아갑니다. 주택으로 되어 있지만, 다가구처럼 사용하면 다가구로 봅니다. 신탁은 일반적으로 금리가 1% 정도 더 높고 등기비와 더 많은 법무비가 발생합니다. '신탁은 다가구'라고 단순하게 생각하면 안 됩니다.

신탁은 모든 물건을 다 할 수 있습니다. 신탁대출표를 보면 모든 종목이 다 있습니다. 단순히 다가구만 신탁하는 것은 아닙니다. 신탁은 '특성에 따라 내 물건을 맡길 수 있다'라고 생각해야 합니다.

> **7·10 부동산 대책**
> 정부가 2020년 7월 10일 발표한 부동산 대책. 주요 내용은 '다주택자·단기거래에 대한 부동산 세제 강화', '공급 물량 확대 및 기준 완화', '등록임대사업자 폐지' 등이다.

이제 7·10 부동산 대책을 조금이나마 이해할 수 있을 겁니다. 원래 종부세는 6억을 공제해 줍니다. 6억 주택이 2개 있다면 종부세가 12억이 됩니다. 하지만 6억 주택 하나를 신탁으로 소유권을 넘기면 세금을 내지 않는 비과세를 받을 수 있습니다. 남아있는 6억에 대한 세금만 내면 되는 것이죠. 그래서 이런 방법으로 절세하는 것을 막겠다는 의미입니다.

신탁대출을 해야 할까?

신탁에서 대출을 받으면 소유권은 신탁회사, 수익권은 본인에게 있습니다. 보증금은 신탁회사, 월세는 나에게 들어옵니다. 그런데 신탁회사는 보증금을 받으면 어떻게 할까요? 바로 대출의 일부를 갚습니다. 예를 들어 소액임차인이 보증금 3,000만 원에 월세 150만 원으로 계약하면 신탁회사가 계약일에 은행에서 동의서를 받아오라고 합니다. 동의서를 받아오면 신탁회사에서 위임장을 보내줍니다. 그 후 위임장으로 본인이 계약합니다. 신탁 회사는 보증금 3,000만 원을 바로 은행에 갚아버립니다. 그러니 은행 입장에서 방공제는 안 해도 되는 것입니다. 돈을 바로 갚아버리니까요.

예를 들어 보증금이 적은 케이스가 있습니다. 보증금이 1,000만 원에 월세가 50만 원이었습니다. 이 보증금을 회수하기 위해서 나와 계약을 하면 보증금이 내 것이 되지만, 소유자는 신탁회사이므로 불법계약이 됩니다. 그래서 이 임차인은 소액임차인 보증금을 보장받지 못하고 적법한 임대차 계약이 이루어지지 않습니다.

> **명도소송**
> 공매에서는 인도명령 절차가 불가능하다. 인도명령 절차가 불가능하면 명도소송으로 명도를 진행해야 한다. 명도소송은 짧게는 3개월부터 길게는 6개월 이상 소요되는 소송이다.

혹시라도 경매가 진행되면 이 임차인은 소액임차인으로 보장받지 못합니다. 원래 신탁물건은 경공매가 진행되지 않으므로 크게 상관없지만, 경매가 진행되는 케이스도 있습니다. 그래서 이렇게 하는 것을 안 받아주는 부동산들이 많습니다.

공매에서 명도 책임은 낙찰자의 몫입니다. 이 임차인은 위탁자와 계약을 했을 것이고 앞서 말씀드린 대로 적법성이 없으므로 대항력이 존재하지 않습니다. 하지만 이 임차인은 본인은 몰랐을 것이고 명도 시 저항이 심할 수 있습니다. 공매는 인도명령 절차가 없으므로, '명도소송을 해야 할 수 있겠네'라고 생각하면 됩니다. 이런 식으로 모든 사항이 맞물려 얽혀 있습니다. 신탁대출의 투자자 입장에서 포인트를 정리하자면 다음과 같습니다.

신탁대출 특징 정리

① 차감 없이 대출 한도가 커진다.
② 금리는 일반 대출보다 1% 정도 높다.
③ 신탁 등기 비용이 발생한다.
④ 투자 방식에 따라 신탁을 할지 말지 결정해야 한다.
⑤ 아파트 및 다른 물건도 신탁이 가능하다.

2020년 초에 신탁 등기 비용을 투자자가 내지 않아도 되도록 바뀌었습니다. 하지만 은행은 바보가 아니므로 여러분의 필요경비에 금액이 다 녹아있습니다. 그리고 대출을 알아볼 때, '신탁도 돼요?'라고 물으면 대출상담사가 '신탁으로도 하시겠어요?'라며 또 다른 대출 상품을 가져옵니다. 이를 잘 활용하시기를 바랍니다.

경락잔금대출을 알아보자

경락잔금대출은 상당히 생소한 개념의 대출인 만큼 오해도 많습니다. 따라서 이번에는 경락잔금대출과 관련된 가장 많은 오해를 설명하겠습니다.

경락잔금대출은 주거래 은행에서 받는다?

은행에는 '여신업무 부서'가 있는데 경매 대출에 대한 간단한 매뉴얼이 있습니다. 그러므로 문의를 하면 매뉴얼에 따른 답변을 해줍니다. 그러나 경매 물건은 일반 물건보다 권리관계가 얽혀 있어서 세부적인 사항이 많습니다.

특히 대출은 담당자의 생각이나 지점장의 의지에 좌지우지되는 경우가 꽤 많습니다. 경락잔금대출은 일반은행에서도 취급하지만, 법원 경매장에서 받을 수 있는 대출상담사의 명함으로 받는 것이 가장 좋습니다. 대출상담사는 농협, 기업은행, 수협 등에 속한 사람도 있고 여러 은행 혹은 법무사 사무소와 연결이 가능한 사람도 있습니다.

경락잔금대출 상품은 모두 같다?

은행은 장사를 하는 곳입니다. 대출금을 가지고 장사를 하는 기업입니다. 옷 가게도 가게마다 가격, 옷의 퀄리티, 종류 등 여러 옵션이 모두 다르듯이 은행도 옵션이 다 다릅니다.

기본적인 룰은 어느 정도 같을 수 있으나 대출 세부 사항은 은행마다 지점마다 다릅니다. 법무사와 연결된 대출상담사는 대출이 안 나오는 상품을 대출이 나오도록 만듭니다. 예를 들어 단기 매도나 전세를 놓으려면 중도상환수수료가 없는 대출 상품이 좋습니다. 바로 상환해야 하니까요. 원래는 대출에 중도상환수수료가 다 있는데 은행과 협약을 맺어서 중도상환수수료가 없는 상품을 그 법무사만 가지고 있는 경우가 있습니다. 이런 상품을 일반인이 찾기는 힘듭니다.

이처럼 대출상담사는 경매 투자자가 원하는 조건을 맞출 수 있기 때문에 주거래 은행이 아닌 대출상담사를 통해서 대출받는 것이 제일 좋습니다. 경매 시스템을 잘 이해하고 있기 때문에 어느 정도 많은 금액의 공격적인 대출도 가능하도록 만들어줍니다. 이렇게 경락잔금대출을 몇 건 하다 보면 친한 대출상담사가 생기게 됩니다. 나중에 대출이 필요할 때도 연락하면 좋은 조건으로 맞출 수 있는 이점이 있습니다.

경락잔금대출은 항상 받을 수 있다?

앞서 은행은 장사하는 곳이라고 했습니다. 장사하는 곳은 목표치라는 것이 있습니다. 예를 들어 OO은행 OO지점의 올해 한 대출 상품의 목표 금액을 100억이라고 가정합니다. 이 금액이 다 차버리면 그 은행은 이 상품을 막아버립니다. 그래서 연말 12월쯤에는 어지간한 대출은 하기 힘들다고 생각하는 것이 좋습니다.

반대로 연말 분기별 목표가 남았으면 마트의 할인처럼 좋은 조건으로 대출을 해줍니다. 따라서 내가 이전에 받았던 대출 상품이 계속 존재하는 것은 아닙니다. 은행 지점장에 따라 대출 가능 여부가 많이 달라집니다.

저는 주로 대출할 때, 지금까지 신뢰를 쌓은 대출상담사분께 첫 번째로 연락합니다. 이분이 저에게 연결해주는 은행과 지점은 제가 낙찰받은 물건마다 다 다릅니다. 계속해서 같은 은행 같은 지점에서 대출이 나오는 것이 아닌 겁니다. 따라서 내가 받은 대출이 다른 사람에게도 똑같이 적용되지는 않습니다.

내 조건과 맞는 대출상담사를 구하려고 노력해야 합니다. 대출상담사 연락처를 구하는 것은 어렵지 않고, 조금만 노력하면 됩니다. 신뢰는 쉽게 쌓을 수 있으니 스스로 찾고 만들어 가시기 바랍니다. 그래야 지속적인 투자와 수익도 가능합니다.

대출상담사가 모르는 대출 조건도 있다?

대출상담사마다 모두 경력과 일처리 방식이 다릅니다. 당연히 경험치가 1년 차도 있겠고, 3년, 5년 이상 일하신 분들도 있습니다. 특수물건 대출을 한 번도 다뤄보지 않은 대출상담사들도 있습니다. 왜냐하면 본인과 연결되어 있는 은행들이 그런 물건은 안 하기 때문입니다.

만약 법정지상권이 걸려 있는 물건을 낙찰받아 대출을 알아봅니다. 대출이 가능할까요? A, B, C 대출상담사 모두가 안 된다고 하면 그 낙찰자는 정말 안 되는 줄 압니다. 하지만 가능한 상품은 분명 있습니다. 단지 이 대출상담사들은 본인들의 경험에 빗대어 이야기하는 것뿐이라는 사실을 알아야 합니다.

중도상환수수료가 없는 상품도 마찬가지입니다. 대출상담사가 없다고 말해도 어딘가에는 반드시 존재합니다. 두세 군데 전화해서 없다고 하면 그냥 1.5% 중도상환수수료 상품을 덥석 받아버립니다. 단기 매매나 전세를 놓을 때는 이 중도상환수수료가 중요합니다. 대출을 잘 받아야 투자금을 줄일 수 있습니다.

3억 원 대출에서 중도상환수수료가 1.5%라면 450만 원입니다. 2억 대출이면 중도상환수수료가 1.5%일 때 300만 원입니다. 이처럼 300만~400만 원의 돈이 금방 깨져버리는 것입니다. 뭐든지 찾아보면 꼭 하나 이상은 있으므로 대출 받으실 때, 중도상환수수료 조건을 포기하면 안 됩니다.

원천징수영수증
근로소득을 확인할 때 필요한 서류다. 본인이 급여를 얼마나 받고 있는지, 공제액을 얼마나 납부했는지를 확인할 수 있는 서류다.

소득금액증명
근로소득 이외의 소득을 확인할 때 필요한 서류다.

소득이 없어도 대출이 가능하다?

경락잔금대출에서 인정받을 수 있는 소득의 종류는 증빙, 인정, 신고로 나눌 수 있습니다. 소득이 아예 없으면 대출이 나올 수 없습니다.

증빙소득은 원천징수영수증, 소득금액증명원 등 객관적인 근로소득을 말합니다. 홈택스에서 발급한 소득금액증명원, 연말정산용 근로소득원천징수영수증, 급여내역이 포함된 증명서로 증빙하면 됩니다.

인정소득은 국민연금, 건강보험료 등으로 추정한 소득입니다. 국민연금, 건강보험료로 계산한 식은 다음과 같습니다.

국민연금 인정소득 계산식

$$\frac{\text{최근 3개월 평균 납부액}}{\text{9\%(연금요율)}} \times 12 = \text{연소득}$$

건강보험료 인정소득 계산식

$$\frac{\text{최근 3개월 평균 납부액}}{\text{3.545\%(보험요율)}} \times 12 = \text{연소득}$$

신고소득은 신용카드(체크카드) 사용액, 매출액, 임대소득 등으로 소득을 추정합니다. 신용카드와 사업소득 중 유리한 조건으로 활용하시면 됩니다. 직장이 없거나 주부라면 신용카드로 대출을 받는 것이 좋습니다. 신용카드 사용률은 금융기관마다 다르고 그 적용 시기마다도 다릅니다. 따라서 대출 시 문의가 필요합니다.

신용카드 신고소득 계산식

$$\frac{\text{최근 1년간 소득공제금액}}{\text{45.5\%(신용카드 사용률)}} = \text{대출 가능 금액}$$

앞의 세 가지 경우 모두 대출 상한액은 5,000만 원입니다.

경락잔금대출 얼마까지 가능할까?

대출은 보통 KB부동산 70%, 감정가 70%, 낙찰가 80% 중에서 낮은 금액으로 나옵니다. KB부동산은 일반평균가를 기준으로 대출이 나옵니다. 만약 1층이나 맨 위층을 낙찰받으면 기준은 하위평균가로 가늠해야 합니다. 하지만 알아보기만 한다면 일반평균가로 해주는 곳도 있습니다.

중도상환수수료는 기간과 금리의 차이가 있습니다. 보통 3개월, 6개월, 1년, 2년 동안 0.75% 또는 1% 또는 1.5%의 금리로 기간에 따라 금리가 내려가는 슬라이딩 차감 방식입니다. 1년에 1.5%라면 4개월 후에는 0.5%가 감소된 1%가 되는 겁니다. 가장 좋은 것은 중도상환수수료가 없는 상품입니다.

대신 원하는 조건으로 대출하려면 다른 조건이 불리해집니다. 대출 금액을 많이 받고 싶다면 일반적인 금리보다 1% 높아집니다. 레버리지 활용을 위해 대출을 70%에서 80%로 받고 싶다면 대출 금리가 3%에서 4%로 상승된다고 생각하시면 됩니다. 원하는 금리나 원하는 만큼의 거치기간에 따라 법무비가 비싸지기도 합니다.

법무 비용의 구조를 이해해라

대출 서류를 작성하면 은행과 연계된 법무사에게 연락이 옵니다. 이 법무사 사무실과 경매 잔금 납부 날짜를 협의합니다. 명도 여부나 기타 사항을 고려해서 조금 더 유리한 날짜로 정할 필요가 있습니다. 그리고 이때 법무사에게 반드시 법무비 견적서를 요청합니다. 그 뒤에 불필요하게 많이 책정된 비용이나 조절해야 할 항목을 찾아서 법무사에게 조정을 요청합니다.

법무비 견적서
법무비 견적서에는 취득세, 교육세, 농어촌특별세, 채권, 보수액 등이 산정돼 있다.

법무비는 얼마일까?

일반 물건을 낙찰받았을 때, 법무비가 30만~50만 원 정도 나오면 괜찮은 금액입니다. 그러나 중도상환수수료나 거치기간 등의 좋은 조건이 붙으면 80만~100만 원 정도까지 비용이 늘 수 있습니다.

법무 비용 견적서 확인 방법

견적서 비용을 법무사에게 입금하면 법무사는 경매 잔금 납부와 소유권 이전 등기 절차를 대신 진행합니다. 이때 법무비 견적서의 항목별 비용이 어떤지 볼 줄 알아야 적절하게 책정되었는지 판단할 수 있습니다. 가끔 법무비를 과다 청구하는 곳도 있으므로 법무 비용 견적서를 살펴볼 필요가 있습니다.

견적서에는 취득세, 교육세, 농특세, 주택채권, 보수액 등이 나옵니다. 값이 정해져 있는 것은 제외하고 법무 비용을 중심으로 확인하면 됩니다.

취득세

취득세는 예전에 취득세와 등록세를 따로 납부하던 것이 하나로 합쳐졌습니다. 국가 정책이나 상황에 따라서 취득세가 변할 수 있으니 항상 현시점에서 인터넷으로 확인하면 되겠습니다. 현재 취득세는 주택의 경우 6억 원 이하 1%, 6억 원 초과~9억 원 이하 1%~3%, 9억 원 초과 3%입니다. 참고로 취득세는 부동산 취득일로부터 60일 이내 신고하고 스스로 납부해야 합니다.

주택 취득세 계산법 (2024년 4월 기준)

6억 원 이하	1%
6억 원 초과~9억 원	$\left(\text{취득가액} \times \frac{2}{3} - \text{억 원}\right) \times \frac{1}{100}$
9억 원 초과	3%

교육세

교육세는 말 그대로 교육 환경의 개선을 위한 교육 시설의 확충과 교원 처우 개선의 재원을 확보하려는 조세입니다. 현재 교육세는 취득세의 10%입니다. 편의상 취득세와 교육세를 합하여 1.1%, 2.2%와 같이 계산합니다.

농어촌특별세

농어촌특별세인 농특세는 농업, 어업을 위한 한시적인 특별세금으로 현재는 85m^2 초과 주택에만 0.2%가 부과되고 있습니다.

채권

채권이란 채권자가 채무자에게 일정한 행위를 요구할 수 있는 권리입니다. 국가, 지방자치단체, 공기업, 사기업 등이 사업에 필요한 자금을 조달하기 위해 발행하는 유가증권입니다. 채권 발행은 부동산 개발을 위한 중요한 자금 조달 수단입니다. 대표적인 것이 국민주택채권입니다. 이 채권은 소유권 취득 시 주택법에 따라 의무적으로 매입해야 하지만, 개인 간의 거래는 어렵습니다. 이유는 5년간 보유한 후 원금과 이자를 받고 매도하는 방법이 있지만, 보유 기간도 길고 이자율도 낮아서 대부분 매입 후 할인된 가격으로 바로 매도하기 때문입니다. 국민주택채권 매입 가격은 매입 요율에 따릅니다.

국민주택채권 매입 기준

구분	시가표준액	의무 매입률	
		서울·광역시	기타 지역
주택	2,000만 원 이상 ~ 5,000만 원 미만	1.3%	1.3%
	5,000만 원 이상 ~ 1억 원 미만	1.9%	1.4%
	1억 원 이상 ~ 1.6억 원 미만	2.1%	1.6%
	1.6억 원 이상 ~ 2.6억 원 미만	2.3%	1.8%
	2.6억 원 이상 ~ 6억 원 미만	2.6%	2.1%
	6억 원 이상	3.1%	2.6%
토지	500만 원 이상 ~ 5,000만 원 미만	2.5%	2.0%
	5,000만 원 이상 ~ 1억 원 미만	4.0%	3.5%
	1억 원 이상	5.0%	4.5%
그 외 부동산	1,000만 원 이상 ~ 1.3억 원 미만	1.0%	0.8%
	1.3억 원 ~ 2.5억 원 미만	1.6%	1.4%
	2.5억 원 이상	2.0%	1.8%
상속·증여 등	1,000만 원 이상 ~ 5,000만 원 미만	1.8%	1.4%
	5,000만 원 이상 ~ 1.5억 원 미만	2.8%	2.5%
	1.5억 원 이상	4.2%	3.9%

그러나 실제로 매입하면 할인해서 다시 팔기 때문에 낙찰자가 실제 부담해야 하는 금액은 채권 할인 비용뿐입니다. 즉 1,000원에 사서 900원에 판다면 100원을 부담하는 셈입니다. 참고로 채권 할인율은 은행마다 매일 변경됩니다. 법무비 견적서에 채권 항목이 과도하게 청구되어 있으면 협의해야 합니다. 국민주택채권은 계산이 필요한 항목이어서 법무사가 이를 이용할 수도 있습니다. 복잡한 계산이 있기 때문에 채권 비용을 과다 청구할 수 있으니 주의하시기 바랍니다.

보수액

보수액은 쉽게 말해 법무사 수수료입니다. 잔금 납부 및 등기 이전에 대한 수고 비용입니다. 대한법무사협회 홈페이지에 법무사 보수표가 자세하게 나와 있습니다. 경매로 싸게 낙찰받았다면 보수액은 과하지 않은 금액입니다. 그리고 너무 비싸다 싶으면 법무사와 잘 협의하면 거의 다 가격을 조정해 줍니다. 하지만 단돈 1원이라도 아끼려는 마음에 너무 세세하게 따져서 비용을 낮출 필요는 없습니다. 어차피 경매 투자자들은 계속 투자를 해야 하고 경락잔금대출은 또 필요하기 때문에 좋은 관계를 유지하는 것이 좋습니다.

8단계

부동산 경매 투자의 명도

명도로 수익을 실현해라

명도를 간단히 설명하자면 부동산을 임대 또는 매매할 수 있도록 점유자와의 문제를 해결하는 것입니다. 잔금을 납부하면 이제 경매 물건은 온전히 낙찰자의 소유입니다. 그런데 아직 그곳에는 누군가가 살고 있을 수 있습니다. 수익을 실현하려면 기존 점유자를 내보내야 합니다.

그렇지 않은 점유자
경매 물건의 점유자는 많은 경우 경제적으로 힘든 상황일 때가 많다. 낙찰자는 이런 점유자를 상대로 명도를 해야만 한다. 점유자의 상황을 파악하고 낙찰자에게 가장 유리한 방향으로 일 처리를 유도하는 것이 명도의 첫 번째다.

점유자는 사람마다 천차만별입니다. 별다른 갈등 없이 쉽게 나가는 점유자도 있습니다. 하지만 그렇지 않은 점유자도 있기 때문에 명도가 필요합니다.

예를 들어 경매가 끝난 부동산에 한 임차인이 있습니다. 임차인의 전세보증금은 3억 원입니다. 하지만 대항력이 없어 이 보증금을 모두 돌려받지 못했습니다. 이런 임차인 분들은 눈앞이 정말 캄캄할 것입니다. 하지만 이런 상황에서도 낙찰자는 점유자를 내보내야만 합니다. 상황은 안타깝지만 법적으로 임차인의 전세보증금과 낙찰자는 아무런 관계가 없기 때문입니다.

합의로 명도하는 방법

점유자를 설득하려면 우선 대화가 필요합니다. 낙찰자는 경매 사건 열람으로 점유자의 정보를 알 수 있습니다. 법원에서 사건을 열람하면 명도 과정에 필요한 이해관계인 정보를 알 수 있습니다.

감정을 자극하지 않는다

개인 정보를 알았다면 점유자와의 첫 만남이 중요합니다. 핵심은 감정을 자극하지 않는 것입니다. 점유자가 왜 이 건물에서 나가야 하는지를 잘 얘기해야 합니다.

낙찰자는 인도명령과 강제집행 절차를 밟을 수 있습니다. 점유자가 협조적이지 않더라도 법적으로 내보낼 수 있는 것입니다. 하지만 법적으로 해결하는 과정 자체가 서로 감정이 상하는 일인 경우가 많습니다. 그래서 점유자에게 강제집행을 선호하지는 않는다고 말하는 것이 좋습니다. 이후 “이사할 수 있는 기간은 어느 정도 드릴 테니 정리하시고 집을 비워주시면 감사하겠습니다”라고 말하면 됩니다.

명도는 사람을 상대하는 일입니다. 감정을 건드리면 상황이 안 좋게 흘러갈 수도 있습니다. 기존 점유자가 나가야 하는 것은 맞지만 점유자의 상황이 전반적으로 좋지 않을 수 있습니다. 이런 점유자를 자극해서 좋은 점은 아무것도 없습니다.

내용증명
내용증명은 법적인 효력은 없으나 거주자의 성향을 파악하는 데 도움이 되기 때문에 꼭 보내야 한다. 내용증명에는 소유권 이전, 임대료 청구, 명도 지연 손해 배상, 명도확인서 지급 기준 등의 내용을 적고 점유자가 연락할 수 있는 자신의 연락처를 적어서 보내면 된다.

명도를 미리 예상하자

사건 열람을 해봤더니 명도가 힘들 것이라고 예상될 수 있습니다. 이때는 내용증명을 보내는 것이 효과적일 수 있습니다. 잔금 납부일을 기준으로 점유자가 현재 거주하는 부동산의 소유가 낙찰자로 바뀌었으니 점유자에게 자진 명도하라는 내용을 알리는 것이 내용증명입니다.

다만 낙찰자는 점유자와 합의하는 것이 이득입니다. 점유자마다 정답은 없지만, 되도록 합의하는 것이 좋습니다. 그래야 스트레스를 덜 받고 명도를 빨리 마무리할 수 있습니다. 점유자와 원활한 합의가 이루어지면 점유자의 이사비, 명도비, 위로금은 강제집행 비용 범위 내에서 산정합니다.

명도확인서

명도확인서는 배당금이 있는 점유자에게 활용할 수 있는 내용입니다. 점유자가 배당받을 금액이 있는 경우에는 임차보증금을 수령하고자 할 겁니다. 그리고 배당금을 받기 위해서는 낙찰자의 명도확인서가 반드시 필요합니다. 낙찰자는 명도 과정에서 이를 활용할 수 있습니다. 명도확인서를 주는 조건으로 집을 언제까지 비워달라고 요구할 수 있는 것입니다.

대부분의 점유자는 당장 집을 구할 수 있는 경제적 여유가 없습니다. 그렇기 때문에 배당금을 먼저 수령하기 위해서 낙찰자들에게 명도확인서를 요구합니다. 서로 합의가 되었다면 해당 경매 물건의 부동산을 인도받고 이후 명도확인서를 주는 것이 합리적인 순서입니다.

부득이하게 명도확인서를 미리 줘야 하는 경우는 신중하게 결정해야 합니다. 사람 마음이 어떻게 바뀔지 모르기 때문입니다. 명도확인서까지 받았는데, 점유자가 나가지 않는 경우도 충분히 발생할 수 있습니다. 명도 과정에서 점유자와 합의가 잘 이루어졌다면 명도 당일에 건물인도합의각서를 받아야 합니다. 명도 전이라면 비용 관련 이행 각서를 받아두면 됩니다.

이사비, 명도비, 위로금
이사비, 명도비, 위로금은 낙찰자가 점유자에게 지급할 의무는 없는 돈이다. 다만 명도는 사람 간의 거래이기 때문에 가능하면 강제집행 비용 안에서 서로 합의하에 원만하게 끝내는 편이 좋다.

건물인도합의각서
건물인도합의각서는 명도확인서를 주기 전에 반드시 작성해야 한다. 합의 내용은 부동산 인도, 점유물 폐기 처리 동의, 공과금 납부, 이사 동의, 부동산 손해배상, 재산 압류 처분 동의 등을 적으면 된다.

법으로 명도하는 방법

강제집행 계고
법원의 집행관 사무실에 인도명령결정문과 송달증명원을 접수하면 강제집행 계고 일정이 잡힌다. 법적으로 이 부동산의 소유가 낙찰자라는 것을 점유자에게 알리는 절차다.

인도명령결정문
인도명령이 결정되었다는 것을 낙찰자 및 점유자에게 알리는 서류다. 이후 강제집행 계고를 진행하기 위해 필요하다.

송달증명원
인도명령결정문이 제대로 상대방에게 전달됐다는 것을 증명하는 서류다.

대부분은 대화로 명도가 해결됩니다. 하지만 대화로는 힘든 경우도 있습니다. 명도 합의가 원활하게 이루어지지 않으면 낙찰자는 법원에 인도명령 신청 후 강제집행으로 명도를 진행해야 합니다. 강제집행은 인도명령 신청, 강제집행 계고, 강제집행으로 진행됩니다.

강제집행은 법으로 해결하는 명도입니다. 순서는 다음과 같습니다. 낙찰자는 잔금을 납부하고 즉시 인도명령을 신청합니다. 곧바로 신청하는 이유는 낙찰 후 6개월이 넘어가면 인도명령 신청을 하지 못하고 명도소송을 해야 하기 때문입니다.

인도명령 신청

인도명령 신청을 하면 법원에서 낙찰자와 점유자에게 인도명령결정문을 송달합니다. 그러면 송달증명원이 발급됩니다. 이때부터 명도를 법적으로 진행할 수 있습니다. 실제로는 법무사에게 맡기면 간단하게 진행되니 흐름만 알고 있으면 됩니다.

강제집행 계고

인도명령결정문과 송달증명원을 첨부하여 법원에 강제집행을 신청합니다. 법원의 집행관 사무실에 접수하면 집행을 위한 현장 조사 일정이 잡힙니다. 그리고 강제집행 예고를 하는데 '계고'라는 용어를 사용합니다.

강제집행 계고 때는 낙찰자, 집행관, 열쇠 수리공, 이삿짐센터 등 많은 사람이 함께 방문합니다. 열쇠 수리공은 집이 빈집일 경우를 대비해 따라가는 것이고, 이삿짐센터는 이사비 책정을 위해 같이 가는 것입니다. 점유자가 집을 비워주지 않는다면 한 달 정도 뒤에 실제로 강제집행을 하겠다고 통보하고 오는 것입니다. 이 단계에서 대부분의 명도가 마무리됩니다. 하지만 그래도 마무리가 되지 않는 경우는 강제집행을 진행합니다.

강제집행

강제집행을 해야 한다면 이사비를 비롯한 견적 비용을 포함하여 모든 집행 비용을 예납합니다. 예납금이 남으면 환불 계좌로 돌려받을 수 있습니다. 이 과정이 끝나면 강제집행 날짜가 통지되고 해당 날짜에 강제집행을 실시합니다. 그럼 법적으로 명도가 끝나게 됩니다.

강제집행 시에는 집행관 수수료, 노무자 수에 따른 용역비, 이사 비용, 사다리차, 이사 차량 등 비용이 추가로 발생하게 됩니다. 전용면적 평당 10만 원 정도로 생각하시면 됩니다.

명도를 실전처럼 훈련해라

명도라는 법률에 대해서 읽어보신 적 있으신가요? 명도를 쉽게 해석하자면 다음과 같습니다.

> "낙찰자가 잔금을 납부한 날로 6개월 안에 인도명령을 신청하면, 판사가 대항력이 없는 점유자에게 집을 비우라고 명령한다. 점유자가 판사의 명령을 따르지 않는다면, 낙찰자는 집행관에게 점유자 강제집행 신청이 가능하다. 그러면 집행관은 점유자를 내보내준다."

점유자가 대항력이 없으면, 법적으로 무조건 점유자를 나가게 할 수 있습니다. 인도명령 신청은 법무사를 통해 가능합니다. 인도명령은 전 소유자, 임차인 외 무단 점유자 등 짐을 남겨둘 가능성이 있는 모두에게 해야 합니다. 인도명령을 신청하면 최대 1개월 이내에는 인도명령이 결정됩니다.

이처럼 법으로 하는 명도는 아주 쉽고 간단합니다. 법무사가 대행해주니까 신경 쓸 필요가 없습니다. 대화로 하는 명도는 법으로 할 때와 대비해서 시간과 금액적으로 이득일 때 의미가 있습니다.

인도명령 결정 이후

신청한 인도명령이 결정되면 낙찰자 및 점유자에게 결정문이 배달됩니다. 이후에 강제집행 신청 대행을 의뢰하면 됩니다. 해당 법원 앞에 수십 개의 법무사가 있습니다. 몇 곳에 전화해서 강제집행 신청 대행을 의뢰하시면 되겠습니다. 전화번호는 네이버 지도 검색을 이용하시면 편리하게 찾으실 수 있습니다.

강제집행 신청 대행 의뢰는 보통 20만 원 정도의 비용이 듭니다. 강제집행 신청 후 최대 1개월 이내에 집행이 진행됩니다. 강제집행이 실제로 이루어지면 진행 비용은 평균 '전용면적 × 10만~15만 원'이라고 생각하시면 되겠습니다. 총 기간은 2개월 정도 걸립니다.

명도 정리 및 주의 사항

원하는 부동산을 낙찰받은 후 점유자를 만나러 가게 되면 참 많은 생각을 하게 됩니다. 점유자는 어떤 성향일까? 버티지는 않을까? 이런저런 걱정이 생길 수 있지만 정작 두려움이 큰 쪽은 낙찰자가 아니라 점유자입니다. 따라서 지나치게 걱정할 필요는 없습니다. 다만 점유자를 만나기 전에 사전 준비는 꼭 해야 합니다. 낙찰자는 점유자에게 진행 상황을 차분히 설명하고 손해보지 않는 선에서 가급적 점유자에게 유리한 방향으로 도움을 주겠다는 마음을 심어주면, 명도 협상이 보다 수월하게 진행됩니다.

최대한 심리적으로 여유 가지기

명도뿐만 아니라 부동산 경매의 전 과정에서 여유를 가져야 합니다. 특히 명도는 권리분석처럼 매뉴얼이 있는 것이 아닙니다. 왜냐하면 낙찰자나 점유자나 각자 처한 상황과 가진 생각이 다르기 때문입니다. 따라서 명도는 딱 정해진 답이 있는 것이 아닙니다. 낙찰자는 당연히 가급적 짧은 시간에 적은 비용으로 끝내야 좋겠지만, 점유자 입장은 또 다릅니다. 그렇기 때문에 협의라는 것이 필요합니다. 이 과정에서 여유로운 마음가짐은 너무나도 중요합니다.

부동산 경매에 뛰어든 투자자 중에는 낙찰부터 임대나 매도까지의 기간을 지나치게 짧게 생각하고 입찰에 참여하시는 분이 있습니다. 다행히 점유자와 협의가 잘 되어서 빠르게 명도가 이루어진다면 더할 나위 없이 좋겠지만, 그렇지 않은 경우도 많이 있습니다.

성급하게 명도를 하면 실수를 저지를 확률이 높습니다. 그러므로 낙찰받은 부동산을 임대나 매매할 계획이라면 최소 몇 개월은 걸린다는 생각으로 기간을 여유롭게 잡고 편안한 마음으로 명도를 진행하시기 바랍니다.

점유자와의 대립

어떤 점유자든 억울한 사연이 있습니다. 그래서 아무리 사람 좋은 점유자라 할지라도 낙찰자를 반갑게 맞이하거나 우호적인 태도를 취하기는 어렵습니다. 그러므로 명도를 위한 첫 만남에서 점유자가 험하게 또는 신경질적으로 나와도 크게 신경 쓰지 마시기 바랍니다.

처음에 가장 중요하게 해야 할 일은 점유자의 이야기나 사연을 충분히 잘 들어보고 낙찰자 기준으로 대원칙을 세우는 것입니다.

그리고 앞으로의 과정을 점유자가 잘 이해하고 납득할 수 있도록 설명하면서 다가가야 합니다. 낙찰자는 점유자에게 적이 아니라 여러 방면에서 많은 조언과 도움을 줄 수 있는 사람이라는 것을 충분히 어필해야 합니다.

어느 정도 부동산 경매에 대해 알고 있는 점유자라면 낙찰자와 처음 만나거나 통화할 때 '잔금이나 모두 납부하고 연락 주세요'라고 할 수도 있습니다. 잔금을 납부하기 전까지는 해당 부동산의 정식 소유자가 된 것이 아니니 명도를 주장할 자격 자체가 없다는 의미입니다. 점유자 입장에서 틀린 말은 아니지만 낙찰자는 가능하면 점유자와 계속 대화를 시도하는 것이 좋습니다.

시간도 돈입니다. 일반 매매에서도 계약금 10%를 납부하면 가계약이 성사되고 이사 일정을 협의하는 것이 당연한 일입니다. 부동산 경매도 입찰 시 입찰보증금 10%를 지불하였고 잔금 납부 전이라도 점유자와 협상을 못 할 이유는 전혀 없습니다. 따라서 점유자가 잔금을 납부하고 오기 전까지 대화와 협상을 할 필요가 없다고 나온다면 연락처를 확보하고 지속적으로 설득 작업에 들어가야 합니다. 그러면 점유자도 상황을 이해하고 원하는 바를 이야기할 것입니다.

법률 용어는 가급적 자제

점유자는 점유자 입장에서, 낙찰자는 낙찰자 입장에서 생각하기 때문에 이사 비용이나 희망하는 이사 날짜가 서로 다른 경우가 많습니다. 이런 경우 많은 낙찰자가 법률 용어나 판례 등을 내세우면서 점유자를 압박하기도 하는데 이는 오히려 점유자 입장에서는 협박으로 느껴지므로 역효과가 날 수 있습니다.

점유자의 성향과 여러 가지 조건에 따라 달라질 수는 있겠지만, 일반적으로 점유자와 대화할 때는 고압적이고 위협적인 자세는 지양하고 현재 상황을 충분히 이해시키면서 편안한 분위기로 대화를 이

끌어가야 합니다. 법률 용어, 조항, 판례 등은 대화할 때보다는 내용증명 등의 서류를 통해 이야기할 때 적극 활용하시는 것이 좋습니다. 점유자와 얼굴을 맞대고 이야기할 때와 문서로 소통할 때는 전달 방식이 다른 만큼 점유자가 느끼는 감정도 다르기 때문입니다.

낙찰자는 빠른 명도와 수익을 올리는 것이 목적이니 법률 용어를 남발하면서 점유자를 자극할 필요는 전혀 없습니다. 점유자 입장에서 법적 절차를 안내하는 정도로 이야기하고, 끌려가지 않고 리드하는 범위 내에서 소통하는 것이 중요합니다. 이성적이고 지적인 법률 용어보다는 감정적으로 다가갈 때 점유자도 마음을 열고 경매로 낙찰받은 집의 문도 열릴 것입니다.

강제집행의 적절한 타이밍

어떤 낙찰자는 점유자와 대화하는 것이 어렵거나 불편하다고 서류로만 명도를 진행하려 합니다. 이 생각은 바람직하지 않습니다. 명도에서 가장 좋은 것은 대화로 합의점을 찾아내는 것입니다. 그러나 정말 어쩔 수 없는 경우에는 법적 절차로 가능한 큰 마찰 없이 명도를 진행해야 합니다.

그럼 내용증명, 점유이전금지가처분, 인도명령, 강제집행에 적절한 때를 살펴보겠습니다.

내용증명

잔금을 납부하면 낙찰자는 최고가 매수 신고인에서 최고가 매수인으로 지위가 바뀌고 물건에 대한 소유권을 주장할 수 있게 됩니다. 따라서 내용증명은 되도록 잔금 납부 1주일 이내에 발송하는 것이 좋습니다. 그리고 낙찰자가 잔금을 납부하기 전에 보내는 내용증명과 납부 후에 소유자가 되어서 보내게 되는 내용증명은 내용과 성격이 조금 달라지기 때문에 이를 참고해서 작성해야 합니다.

점유이전금지가처분

점유이전금지가처분은 내용증명을 보내도 점유자가 계속 협상에 응하지 않는 경우에 고려해야 합니다. 점유이전금지가처분은 소유자가 된 이후에 신청할 수 있습니다. 따라서 잔금을 납부하고 적절한 시기에 신청하는 것이 좋습니다. 이는 점유자가 또 다른 점유자를 내세워 명도를 지연하거나 방해하려는 목적을 금지하기 위한 절차입니다. 본 집행까지 부동산을 위장 세입자나 다른 세입자에게 넘기지 말고 그대로 유지하라는 처분입니다.

인도명령

인도명령은 잔금을 납부하면 바로 신청할 수 있습니다. 법무사에게 잔금 납부를 맡기면서 대리 신청을 하는 것이 일반적입니다. 그러나 점유자가 배당을 받는다면 인도명령에 대한 결정은 배당기일 이후에 내려집니다. 이 인도명령결정문을 받아야 강제집행이 가능합니다. 인도명령결정문은 낙찰자뿐만 아니라 점유자에게도 송달되는데, 송달이 이루어지지 않았다면 강제집행 진행이 불가능합니다. 이를 알고 일부러 받지 않는 점유자도 간혹 있습니다. 이때는 두 번에 걸쳐 다시 송달되고, 또 안 되면 송달 간주 처리가 됩니다. 그럼 송달 효력이 발생하므로 강제집행을 신청할 수가 있습니다.

강제집행

강제집행은 크게 두 단계로 나눌 수 있습니다. 1단계는 해당 물건에 계고장을 부착하는 것이고, 2단계는 실제 집행을 실시하는 것입니다. 계고장에는 낙찰자와 점유자 간에 협의가 이루어지지 않으면 앞으로 며칠 내에 집행이 실제로 이루어진다는 내용이 기재되어 있습니다. 완강히 버티던 점유자도 대부분 이 단계에서는 협상을 위해 낙찰자와 대화를 시도합니다. 하지만 이때까지도 점유자가 반응이 없다면 최후의 수단인 강제집행을 실시할 수밖에 없습니다.

이사비

명도를 여러 번 하게 되면 낙찰자가 점유자에게 꼭 듣게 되는 질문이 있습니다. 바로 '이사비는 얼마 주냐'는 질문입니다.

이때, 낙찰자는 어떻게 대답하면 좋을까요? 종합적으로 상황과 여건을 고려해서 적절하게 대처해야 합니다. 다음 대답은 큰 틀에서 만든 예시 답변입니다.

"먼저 저희가 선생님께 이사비를 드려야 하는 법적 책임도 의무도 없는 것은 알고 계셨으면 좋겠습니다. 마찬가지로 선생님께서도 저희에게 이사비를 요구하실 수 있는 어떤 이유와 근거도 없다는 것을 인지하고 계셨으면 합니다. 또한, 경매 명도는 명도소송을 할 필요가 없고 인도명령 제도에 의한 강제집행을 통해 손쉽게 해결이 되도록 법에서 정해 놓았습니다.

하지만 저희는 점유자분과 원만한 협의를 통해서 명도를 해결하는 것을 원칙으로 두고 있습니다. 최근에도 낙찰받은 물건들 역시 모두 잘 합의해서 해결하였습니다. 그리고 앞으로 몇 주 뒤에는 소유권을 이전할 예정입니다. 선생님께서 그때까지 집을 이사하신다면 저희도 이사비라기보다는 응원의 의미로 감사 표시는 저희 선에서 최대한 해드리겠습니다."

이사비를 얼마나 줄 것이냐는 점유자의 물음에 끌려가거나 감정적인 대응을 하지 마시고, 이 정도로 답변하시면 되겠습니다. 여기서 대화가 더 진전되어 수용할 수 있는 이사비를 점유자가 제시한다면, 조금은 과하지만 받아들인다는 느낌으로 마무리하시면 되겠습니다. 하지만 끝까지 이사비를 점유자가 먼저 얘기하지 않고 질문만 계속하거나 또 다른 상황으로 인해 낙찰자가 먼저 말해야 하는 상황도 생기기 나름입니다. 이때 낙찰자는 이렇게 답변하시면 되겠습니다.

"말씀드린 대로 이사비라는 것이 정해진 법적 절차가 아니기 때문에 정확히 정해진 비용이 없습니다. 하지만 일반적으로 강제집행 했을 때 발생하는 비용 정도에서 협의를 하게 됩니다. 이건 저희가 꼭 드려야 되는 돈은 아니지만, 소유권 등기 이전까지 이사를 해주신다면 이 정도 비용을 저희가 마련해보겠습니다."

비용은 전용면적 기준 1평당 5만 원 정도로 제시하면 됩니다. 명도에 정답은 없습니다. 낙찰자의 낙찰가와 점유자가 처한 상황 그리고 여건에 따라서 유연하게 대처해야 합니다. 이 대화 예시는 말 그대로 하나의 샘플입니다. 여기서 낙찰자가 끌려가지 않고 리드하는 범위 내에서 적절하게 변형해서 답변을 하시면 되겠습니다. 그럼 명도에 있어서 최소한의 기본 내용은 갖추게 되는 것입니다.

점유자 이사 비용

이사 비용은 점유자의 두 가지 상황에 따라 나눌 수 있습니다. 점유자가 배당받는 경우와 그렇지 못한 경우입니다.

점유자가 배당받는 경우

배당을 받는 임차인이 점유자인 경우입니다. 이 점유자가 배당을 받기 위해서는 낙찰자의 인감도장이 찍힌 명도확인서와 인감증명서가 필요합니다. 명도확인서는 점유자가 집을 비우고 난 후 낙찰자가 이를 확인한 뒤에 주는 서류입니다. 배당받는 점유자에게는 이 명도확인서의 용도와 발급 절차를 자세히 설명하면 대부분 이사비 없이 명도가 순조롭게 가능합니다.

점유자가 배당받지 못하는 경우

배당을 전혀 받지 못하는 임차인이나 수요자가 점유자인 경우에는 명도를 위한 가장 좋은 도구인 명도확인서를 사용할 수 없기 때문에 어느 정도의 이사비는 염두에 두는 것이 좋습니다. 협상이라는 것은 서로 대립을 이루고 있다는 전제에서 출발합니다. 서로에게 조그만 이익이라도 있어야 협상이 시작될 수 있습니다. 따라서 낙찰자가 물질적인 이익이나 정신적인 도움을 줄 수 있거나 주려 할 때 점유자도 협상 테이블에 나오려고 할 것입니다. 반면에 점유자에게 '법적으로 당신에게 이사비를 줄 필요도 의무도 없기 때문에 한 푼도 줄 수 없다'라고 한다면, 점유자도 감정만 상하고 협상하려는 마음이 없을 겁니다. 이러면 낙찰자도 앞으로 점유자로 속앓이를 하게 될 가능성이 큽니다.

명도 협의가 원만하게 이루어지지 못해서 강제집행까지 가게 된다면 낙찰자 입장에서는 시간과 비용이 소요됩니다. 최후의 보루로 강제집행을 사용해야 할 때도 있습니다. 하지만 강제집행을 하면 시간을 낭비하고 돈도 더 쓰게 됩니다. 서로 감정까지 상하면서 스트레스도 받습니다. 이럴 바에는 강제집행 비용 정도의 이사비를 주고 서로 기분 좋게 명도하는 것이 훨씬 바람직합니다.

심리적으로 힘든 점유자의 이야기를 충분히 들어주시고 점유자가 원하는 것이 무엇인지 잘 파악하시면 명도가 어렵지만은 않습니다. 여유와 원칙을 가지고 협상을 포기하지 말고 끝까지 점유자와 소통해야 한다는 것을 기억해야 합니다.

점유자 연락처 알아내기

경매 낙찰 후에 명도를 하려 합니다. 그런데 점유자와 연락이 전혀 안 되는 경우가 있습니다. 이럴 때는 어떻게 연락처를 알아내면 될까요?

물건 주소로 방문하기

명도는 타인의 지배하에 점유를 옮기는 것으로 명도 대상자인 점유자와의 일입니다. 그래서 임차인과 연락을 해야 합니다. 그런데 임차인이 누군지도 모른다면 낙찰받은 당일에 명도 관련해서 해야 할 일이 있습니다. 바로 경매 물건 주소에 방문하는 것입니다. 만약 임차인을 집에서 만난다면 연락처를 묻고 간단하게 상대방의 이야기만 듣고 오는 것이 좋습니다. 하지만 못 만났다면 연락처를 남겨두거나 관리소와 이웃 등을 통해 임차인의 성향과 상황을 파악해야 합니다. 어떻게든 임차인과 연락이 되었다면 일이 잘 풀릴 수 있습니다.

하지만 임차인이 이미 이사를 갔거나 이런저런 이유로 연락처조차 모르는 상황이 발생할 수 있습니다.

경매 관련 서류 열람하기

낙찰 후 해당 부동산에 방문해서 점유자를 만나지 못했다면, 오후에 다시 경매계로 와서 관련 서류들을 열람합니다. 간혹 매각 허가 확정이 나고 후에 오라는 경매계 담당자가 있는데, 이는 잘못 알고 있는 것입니다. 최고가 매수 신청인은 낙찰자 신분으로 경매 관련 자료 열람이 가능합니다. 서류를 열람하고 임대차 계약서의 임차인 관련 정보를 사진으로 찍으면 됩니다.

특히 자기가 사는 곳과 먼 지역을 낙찰받았다면 반드시 법원 경매계에 들러 사건 기록을 열람하기 바랍니다. 연락처 이외에도 여러 도움이 되는 사항을 얻을 수 있습니다.

강제집행 비용 가늠하기

명도가 쉽게 안 풀리는 경우도 간혹 있습니다. 그럼 강제집행 단계까지 가게 됩니다. 대화로 잘 풀어가면 좋겠지만, 상황에 따라 강제집행을 해야만 하는 물건도 발생합니다. 하지만 이런 경우 발생하는 실제 강제집행 비용을 궁금해하는 분이 많습니다. 다음은 실제 강제집행 견적서 내용입니다.

견적서 예시

아래와 같이 견적합니다

합계 금액 사백삼십사만원(4,340,000)정 부과세포함						
품 명	규 격	수량	단 가	공급가액	세 액	비 고
노 무 자	명	12	120,000	1,440,000	비과세	집행관실납부
작 업 차 량	대(1톤)	5	150,000	750,000	비과세	집행관실납부
	대(5톤)					
사진촬영 및 현상	명	1	100,000	100,000	비과세	집행관실납부
자재비(박스,박스테이프,에어캡,담보르,등.)				400,000	비과세	집행관실납부
물품 보관료	개월	3	500,000	1,500,000	150,000	
매각허가결정문접수비 (감정신청) 및 매각폐기처리비 추가비용 별도 입니다						
부동산 인도 집행현장에서 작업도중 차량부족할시, (창고보관료,차량비용.폐기처리)추가비용별						
열쇠개문 및 교체 비용 별도 입니다(열쇠기사에게)문의하세요						
집 행 비 용				4,190,000	150,000	

이 견적서에서는 노무자 1명당 인건비가 12만 원입니다. 12명의 인원이 투입되었는데, 속전속결을 위해 항상 생각보다 많은 인원이 동원됩니다. 1톤 작업차 1대 비용은 15만 원이고 5대가 와서 75만 원이 됐습니다. 사진 촬영도 10만 원입니다. 게다가 점유자의 짐이 있다면 바로 폐기하지 않고 보관합니다. 물품 보관료는 1개월에 50만 원, 3개월 유지가 기본 사항입니다. 결과적으로 총비용은 400만 원 초반입니다. 세부 사항과 금액의 차이는 각각 법원 경매계에 따라 달라질 수 있습니다.

참고로 비용이 남으면 다시 되돌려 받습니다. 그러니 남은 금액은 걱정하지 않아도 됩니다. 이 견적서는 강제집행할 때 받았던 견적서입니다.

강제집행 단계까지 가게 되면 앞의 금액을 참고하셔서 적절하게 진행하기 바랍니다. 그리고 끝까지 대화를 통한 협상을 병행하시는 것이 중요합니다.

부동산인도명령신청서

수입인지
1,000원

사건번호 : 20 타경 부동산강제(임의)경매

신 청 인 : ○ ○ ○

(주소)

피신청인 : ○ ○ ○

(주소)

신 청 취 지

피신청인은 신청인에게 별지 목록 기재 부동산을 인도하라는 재판을 구합니다.

신 청 이 유

위 사건에 관하여 신청인(매수인)은 20 . . . 매각대금을 낸 후 피신청인(□채무자, □소유자, □부동산 점유자)에게 별지 기재 부동산의 인도를 청구하였으나 피신청인이 이에 불응하고 있으므로, 민사집행법 제136조 제1항의 규정에 따른 인도명령을 신청합니다.

20 . . .

신청인(매수인) (서명 또는 날인)

(전화번호 :)

○○지방법원 (○○지원) 귀중

※ 유의사항

1. 매수인은 매각대금을 낸 뒤 6개월 이내에 채무자 · 소유자 또는 부동산 점유자에 대하여 부동산을 매수인에게 인도할 것을 법원에 신청할 수 있습니다.
2. 괄호안 네모(□)에는 피신청인이 해당하는 부분을 모두 표시(☑)하시기 바랍니다(예를 들어 피신청인이 채무자 겸 소유자인 경우에는 "☑채무자, ☑소유자, □부동산 점유자"로 표시하시기 바랍니다).
3. 당사자(신청인+피신청인) 수×3회분의 송달료를 납부하시고, 송달료 납부서(법원제출용)를 제출하시기 바랍니다.

명 도 확 인 서

사건번호 :

이　　름 :

주　　소 :

위 사건에서 위 임차인은 임차보증금에 따른 배당금을 받기 위해 매수인에게 목적부동산을 명도하였음을 확인합니다.

첨부서류 : 매수인 명도확인용 인감증명서 1통

년　　월　　일

매 수 인　　　　(인)

연락처(☎)

지방법원　　　　귀중

☞유의사항

1) 주소는 경매기록에 기재된 주소와 같아야 하며, 이는 주민등록상 주소이어야 합니다.
2) 임차인이 배당금을 찾기전에 이사를 하기 어려운 실정이므로, 매수인과 임차인간에 이사날짜를 미리 정하고 이를 신뢰할 수 있다면 임차인이 이사하기 전에 매수인은 명도확인서를 해줄 수도 있습니다.

출처 : 대한민국법원 법원경매정보

내 용 증 명

안녕하십니까.
본인은 (주소)를 20xx년 o월 o일 oo지방법원 oo지원 경매 1계(사건번호 20xx 타경 oooo호 물번o 부동산임의경매)에서 경매로 낙찰 받고 새로운 소유자가 된 ooo입니다. 내용증명을 우편으로 미리 드렸어야 하는데, 다른 경매 사건들 처리 때문에 연락이 늦었습니다.

1. 잔금 납부 당일부터 본인이 합법적인 소유자이고, 소유권이 이전되었음을 공지 드립니다.

2. 귀하는 본 주택을 점유(사람, 물건 모두 포함)할 수 없고, 명도 및 이사에 관하여 상호 협의되지 않고 계속 점유할 경우, 소유권 이전 날짜를 기준으로 하여 귀하에게 月 ooo원(감정가액(oo만원 X 1.5%))에 대한 임대료를 청구하겠습니다.

3. oo지방법원 oo지원에 귀하에 대한 인도명령을 신청할 예정이고, 인도명령에 의한 강제집행 시 그 집행비용을 귀하가 부담하여야 하며 명도지연에 따른 별도의 손해를 배상할 책임을 지게 됩니다.

4. 경매로 인수한 주택에 파손, 훼손, 분실이 있는 경우 현 점유자는 이에 대한 민사상, 형사상 책임을 지게 됩니다. 부동산 명도 시 부동산에 예속된 부속물을 하나라도 손괴, 적출 또는 소유 이동할 경우 '기물파손죄, 절도죄, 강제집행면탈죄' 등으로 처벌 됩니다.

5. 귀하가 본 부동산을 비워주지 않을 경우, 본인은 위 2,3항의 내용으로 압류진행 절차에 들어가며, 또한 비용을 청구하여 급여에 대해 가압류 하겠습니다.

6. 명도를 일부러 지체하는 경우, 배당에 필요한 명도확인서와 인감증명서는 배당기일에 맞춰 줄 수 없음을 숙지하시기 바랍니다.

위 내용은 새로운 소유자와 종전 소유자(또는 임차인)간에 명도 및 이사문제가 원만히 해결되지 않을 경우를 전제하여 말씀드린 것이므로 양해하여 주시기 바라며, 저희 직원에게나 또는 아래 연락처로 연락을 주시어 신속히 협의하시기 바랍니다.
내용증명 수신 후 3일 이내 회신이 없을 경우, 원만한 합의 의사가 없는 것으로 간주하고 법에 따라 강제로 짐을 빼도록 할 것이며, 그에 따른 모든 비용을 귀하께 청구하도록 하겠습니다.

20xx년 0월 0일 소유자 o o o

받는 사람 :
보내는 사람 :

-以上-

명도 합의서

점유자를 '갑', 낙찰자를 '을'이라 칭하고, '갑'과 '을'은 상호협의 하에 아래와 같이 명도합의를 한다.

*부동산의 표시 :
*경매 사건번호 :

1. '갑'은 년 월 일까지 내부 짐 및 쓰레기 등을 깨끗이 처리하고 상기부동산을 '을'에게 인도한다
2. '갑'이 인도일 이후에도 짐 및 쓰레기 등을 처리하지 않을 경우 이를 폐기물로 간주하고 '을'이 임의로 처리하더라도 '갑'은 민형사상 법적 책임을 묻지 않는다.
3. '갑'이 '을'에게 인도일까지 상기부동산을 인도할 경우 '을'은 이사비(일금 만원)를 '갑'에게 지급 하기로 한다. 다만 인도일까지 상기부동산 인도하지 않을 경우 '갑'은 이사비를 요구할 수 없으며 조건 없이 '을'에게 상기부동산을 인도하여야 한다. 이사비는 이사를 완료하고 '을'이 내부를 확인 후에 지급하는 것을 원칙으로 한다.
4. '갑은 인도일까지 발생된 모든 공과금(전기, 도시가스, 관리비 등)을 정산하여 '을'에게 그 영수증(또는 확인증)을 인도하며, 공과금을 정산하지 않을 경우 이사비에서 이를 공제하고 지급하기로 한다.
5. '갑'은 약정한 인도일까지 '을'에게 상기부동산을 인도하지 않을 경우 '을'은 현관문을 강제로 개방하고 모든 물품 일체를 해체하여 제3의 장소에 옮겨 놓을 수 있으며, 1개월 내에 물품 등을 찾아가지 않을 시 임의처분을 통해 장소보관비용 등으로 대처하더라도 '을'에게 민형사상 어떠한 법적 책임을 묻지 않는다.
6. '갑'은 상기부동산의 현 상태(인테리어 및 기존시설물 등)를 인도일까지 그대로 보존하며 파손, 손괴, 분실 등의 사유가 발생할 때에는 민.형사상 법적 책임을 진다.
7. '갑'은 합의일 이후부터 상기부동산을 제3자에게 점유이전, 양도 할 수 없으며 이로 인해 발생되는 모든 법적 책임을 진다.
8. '갑'과 '을' 중 일방이 위 합의서 내용을 위반할 경우 그 일방은 상대방에게 손해배상금으로 일금 만원을 5일 이내에 지정한 계좌로 이체하여야 하며, 이체 하지 않을 경우 다른 재산을 압류. 처분할 수 있다.
9. '갑'과 '을'은 위 명도합의서 2통을 작성하여 간인을 하고 서명 날인 후 1통씩 보관한다.

년 월 일

'갑'
성 명 : (인)
주민번호 :
주 소 :

'을'
성 명 : (인)
주민번호 :
주 소 :

명도 합의서

점유자를 ‘갑’, 낙찰자를 ‘을’이라 칭하고, ‘갑’과 ‘을’은 상호협의 하에 아래와 같이 명도합의를 한다.

*부동산의 표시 :
*경매 사건번호 :

1. ‘갑’은 년 월 일까지 내부 짐 및 쓰레기 등을 깨끗이 처리하고 상기부동산을 ‘을’에게 인도한다.

2. ‘갑’이 인도일 이후에도 짐 및 쓰레기 등을 처리하지 않을 경우 이를 폐기물로 간주하고 ‘을’이 임의로 처리하더라도 ‘갑’은 민형사상 법적 책임을 묻지 않는다.

3. ‘갑’은 인도일까지 발생된 모든 공과금(전기, 도시가스, 관리비 등)을 정산하여 ‘을’에게 그 영수증(또는 확인증)을 인도한다.

4. ‘갑’은 약정한 인도일까지 ‘을’에게 상기부동산을 인도하지 않을 경우 ’을‘은 현관문을 강제로 개방하고 모든 물품 일체를 해체하여 제3의 장소에 옮겨 놓을 수 있으며, 1개월 내에 물품 등을 찾아가지 않을 시 임의처분을 통해 장소보관비용 등으로 대처하더라도 ‘을’에게 민형사상 어떠한 법적 책임을 묻지 않는다.

5. 갑’은 상기부동산의 현 상태(인테리어 및 기존시설물 등)를 인도일까지 그대로 보존하며 파손, 손괴, 분실 등의 사유가 발생할 때에는 민.형사상 법적 책임을 진다.

6. ‘갑’과 ‘을’ 중 일방이 위 합의서 내용을 위반할 경우 그 일방은 상대방에게 손해배상금으로 일금 만원을 5일 이내에 지정한 계좌로 이체하여야 하며, 이체 하지 않을 경우 다른 재산을 압류. 처분할 수 있다.

7. ‘갑’과 ‘을’은 위 명도합의서 2통을 작성하여 간인을 하고 서명 날인 후 1통씩 보관한다.

년 월 일

‘갑’
성 명 : (인)
주민번호 :
주 소 :

‘을’
성 명 : (인)
주민번호 :
주 소 :

9단계

부동산 경매 투자의 마무리

인테리어로

물건을 마무리해라

굳이 수리나 인테리어를 하지 않아도 임대나 매매를 할 수 있습니다. 하지만 꼭 수리해야 하는 경우도 분명 있습니다. 지금부터 수리와 인테리어에 대해 자세히 알아보겠습니다.

수리 및 인테리어 방법

수리와 인테리어는 기본적으로 도배장판, 화장실, 싱크대 등의 자재 가격이 정해져 있습니다. 하지만 작업은 사람들이 하는 것이라서 인건비를 포함한 가격이 무분별하게 책정된 경우가 많습니다. 그러므로 최대한 많은 수리 업체에 견적을 내고 저렴한 가격으로 공사를 진행하면 됩니다.

경매 물건이 집 근처라면 업체와 같이 가서 견적을 살펴보면 좋습니다. 하지만 경매 투자자 입장에서는 효율적이지 못하므로 전화를 활용합니다. 경매 물건 근처의 수리 및 인테리어 업체는 검색으로 쉽게 찾을 수 있습니다. 대신 여기서 중요한 것은 '전화 통화나 구두로 견적을 대충 확인하면 안 된다'라는 것입니다. 통화했으면 반드시 이메일이나 문자 또는 카톡으로 견적서를 받아야 합니다. 그렇지 않으면 나중에 추가 금액을 요구하는 업체도 많이 있습니다.

수리 업체를 찾는 방법

수리 업체를 찾는 구체적인 방법은 시세 조사 단계에서 해당 물건 근처의 부동산중개사무소를 찾는 방법과 동일합니다. 네이버 지도에서 '인테리어', '도배', '장판 수리' 등으로 검색하시면 낙찰 물건 주변의 인테리어 업체를 찾을 수 있습니다. 거기에 전화해서 견적을 가조사하듯이 물어보고 견적서를 보내 달라고 하면 됩니다.

예를 들어 비슷한 인테리어 경험이 있는 업체는 바로 견적이 가능합니다. 그렇지 않은 경우는 집을 보여줘야 합니다. 그때는 부동산 중개사에게 연락하면 됩니다. 저 같은 경우에는 근처에 도착했다고 연락이 오면, 현관 비밀번호를 알려주고 안에 들어가서 보고 난 후에 전화를 달라고 합니다.

그러면 어디는 수리하는 것이 좋겠고, 어디는 그냥 두어도 될 것 같다면서 서로 의견 교환도 가능합니다. 이런 식으로 몇 군데 알아보고 비용을 포함해서 종합적으로 가장 괜찮은 곳과 계약을 해서 작업을 진행하면 됩니다. 그리고 인테리어가 진행되면 중간에 한 번 방문하는 것이 좋습니다. 거리가 멀거나 여건이 안 된다면 진행 상황을 사진으로 보내달라고 합니다. 그러면 사진을 확인하며 피드백을 하면 됩니다.

수리 비용

수리 비용은 평수, 지역, 업체마다 차이가 있습니다. 책정 비용이 제각각이므로 수리비를 가늠하는 정도로 확인하시기 바랍니다.

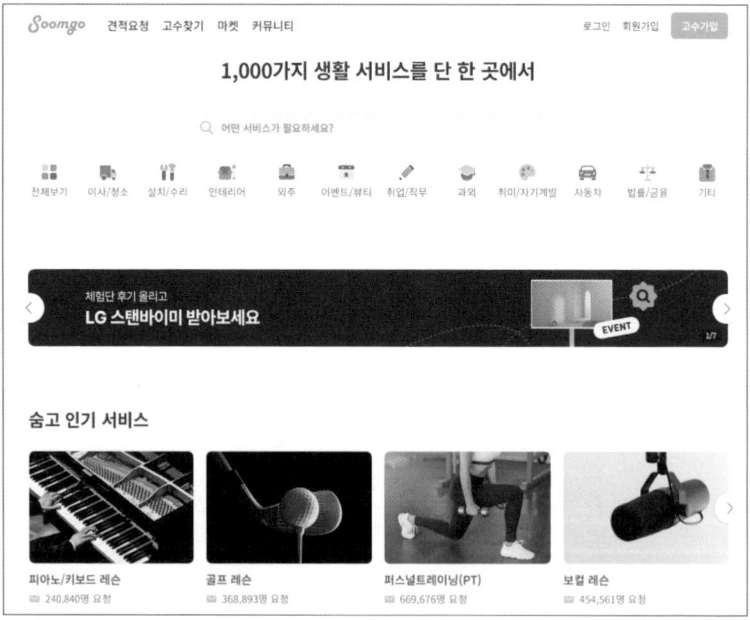

출처 : 숨고

'숨고' 사이트를 기준으로 일반적인 수리 비용을 확인하는 방법입니다. 수리비 협상 시 참고 자료로 활용하면 됩니다. 실제 경매 물건을 낙찰받은 후, '숨고' 사이트에 들어가셔서 그 지역으로 설정하고 확인하시면 더욱 좋습니다.

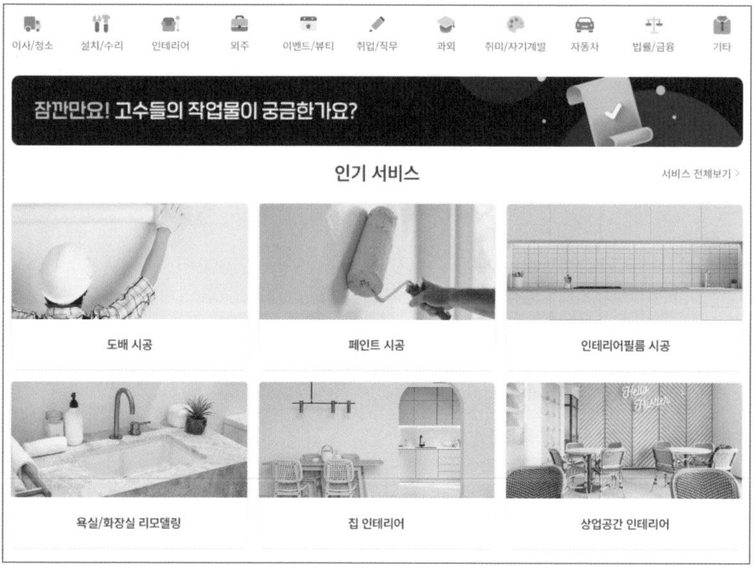

출처 : 숨고

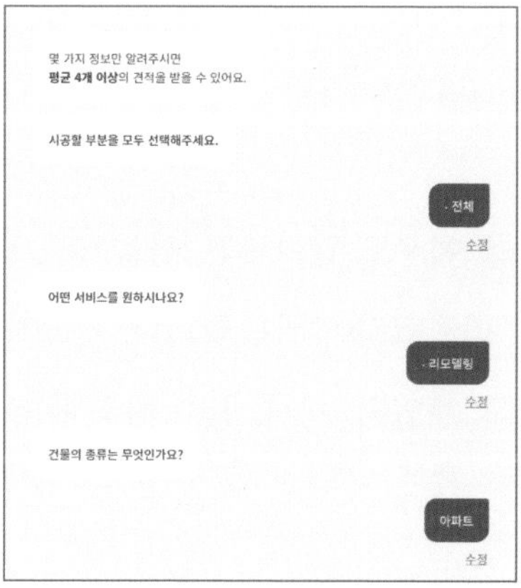

출처 : 숨고

출처 : 숨고

출처 : 숨고

욕실 리모델링을 예시로 알아보면, 서울 영등포구 기준으로 200만 원 내외 정도면 리모델링이 가능합니다. 참고하셔서 이런 방식으로 도배장판, 싱크대, 보일러, 새시, 청소 비용 등을 확인하시면 되겠습니다.

이는 하나의 예시 가격이므로 참고해서 협상하시면 됩니다. 지역, 업체, 인건비 등에 따라서 조금씩 오버되거나 달라질 수는 있지만, 이렇게 비교 경쟁 사이트를 활용하시면 저렴하게 할 수도 있으므로 꼭 알아보시기 바랍니다.

인테리어 팁

투자자라면 최소한의 비용으로 최대한 있어 보이게 인테리어를 하고 싶을 겁니다. 금액적으로 효율적인 수리를 해서 수익을 더 높이고 싶은 것은 당연합니다. 이를 위해서는 최대한 많이 알아보고 가능한 저렴한 곳을 찾으면 됩니다.

주의할 점은 평균 이상의 인테리어는 나와야 한다는 것입니다. 핵심은 포인트입니다. 도배나 장판은 저렴한 것으로 하면 됩니다. 하지만 화장실과 싱크대는 힘을 좀 주면 좋습니다. 그러면 수요자의 마음을 가져올 수 있습니다.

화장실은 200만 원 내외면 올 리모델링이 가능합니다. 그러면서 수리 업체에 금색 테두리나 타일 모양 등의 인테리어를 한두 군데 해달라고 하면 알아서 작업을 해줍니다.

싱크대는 자재에 따라서 가격 차이가 있습니다. 알루미늄 상판부터 대리석 그리고 스톤까지 다양합니다. 알루미늄 다음 단계 정도로 하시면 보기 나쁘지 않습니다.

또한 업체에 모든 수리를 맡기느냐 아니면 도배장판 따로 화장실 따로 싱크대 따로 이렇게 나눠서 수리를 맡길 것인가를 고민할 수 있습니다. 가격은 후자가 좀 더 저렴한 편입니다. 하지만 챙겨야 하는 부분이 많기 때문에 한 업체에 맡기는 것을 추천드립니다.

인테리어 전후 비교

임대와 매매로 자본을 늘려라

부동산 중개사를 맹신하지 말자

대부분 부동산 중개사에게 연락해서 본인 집의 시세를 물어봅니다. 그리고 중개사가 시세를 말해주면 집주인은 그 시세대로 임대나 매매를 놓아달라고 말합니다. 이런 식으로 내 부동산을 중개사에게만 온전히 맡겨서는 안 됩니다.

부동산 중개사가 내 물건에만 집중해서 손님을 붙이고 거래하려고 노력할 것이라는 생각은 큰 착각입니다. 중개사는 하루에도 엄청나게 많은 물건을 중개합니다. 매도자 본인이 마냥 기다리기만 하면 시간이 하염없이 흘러갑니다.

부동산의 공실이 길어지면 그만큼 수익에도 안 좋은 영향을 미칩니다. 따라서 해당 부동산의 임대나 매매를 조금이라도 빨리 마무리해야 합니다. 그러기 위해서는 여러 방법을 동원하고 그것을 꾸준히 할 필요가 있습니다.

매물을 효과적으로 내놓는 법

최대한 많은 부동산에 내놓자

최대한 많은 중개사를 통해야 거래가 될 확률이 높아집니다. 단순히 몇 군데만 내놓고 빨리 임대나 매매가 되기를 기대하는 것은 로또 한 장을 사서 일주일 동안 당첨되기를 기다리는 이치와 같습니다.

보통 물건이 있는 동네 주변 부동산을 중심으로 매물을 내놓습니다. 추가로 조금 떨어져 있거나 거리가 있는 부동산 중개소에도 매물을 내놓아야 합니다. 특히 임차인은 꼭 동네 부동산만을 이용하지는 않습니다. 조금 떨어진 동네라도 본인의 조건과 맞으면 쉽게 이동합니다.

내부 사진으로 홍보하자

내부 사진을 보기 좋게 찍어놓으면 임대나 매도에 도움이 많이 됩니다. 직접 방문하지 못한 부동산 중개소에는 문자로 내부 사진을 보내주면 그것을 바탕으로 중개사가 중개를 원활하게 할 수 있습니다.

홍보에 활용하면 좋은 내부 사진

그리고 그 사진을 이용해서 중개사뿐만 아니라 다양한 SNS를 통해 중개사 이외의 사람들에게 내 집을 홍보할 수 있습니다. 그 지역을 대표하는 카페나 각종 커뮤니티, 인터넷 중개업체, 직방, 다방, 피터팬의 좋은방 구하기 등 내놓을 곳은 넘쳐납니다.

저는 교차로라는 신문을 통해 한 달 광고비 5만 원이라는 아주 저렴한 가격으로 임대를 놓은 적이 있습니다. 이는 부동산을 통한 거래가 아니라서 중개비를 절약할 수 있었습니다. 물건을 광고로 올린 지 하루 만에 여러 명에게 연락이 왔습니다. 생각보다 연락이 엄청 많이 와서 깜짝 놀랐습니다. 아직 이 지역, 이 동네에는 교차로로 월세를 많이 구하는 분위기라고 옆집 아주머니에게 팁을 들은 것이 큰 도움이 되었습니다.

인터넷을 이용하면 직거래가 되기 때문에 중개비를 아낄 수 있습니다. 불안하다면 부동산을 끼고 계약해도 됩니다. 매수자를 이미 찾았기 때문에 중개비는 계약서를 작성해주는 수고비 정도로 주면 됩니다.

이웃에게 매물을 홍보하자

중개사 이외에 아파트 관리소장, 이웃 주민, 근처 상가 임차인 등 여러 사람에게 매물을 홍보하면 좋습니다. 저 또한 관리소장을 통해 월세를 놓은 경우도 있고, 아파트 상가의 세탁소 주인을 통해 매매를 한 경우도 있습니다. 수십 년 동안 그 자리에서 운영하던 세탁소 주인이 아파트 터줏대감인 덕분이었습니다.

중개비를 아끼지 말자

중개사는 중개수수료를 벌기 위해서 중개합니다. 그래서 중개비를 많이 준다고 하면 임대나 매매가 더 빨리 될 수 있습니다. 몇 달 동안 나가지 않던 물건이 중개료를 두 배로 올리면 일주일도 되지 않아 팔리는 경우도 많습니다.

경매 물건에 입찰할 때는 100만 원 단위가 쉽게 왔다 갔다 합니다. 하지만 중개비 10만 원은 아까워하면서 지불하지 못하는 경우가 있습니다. 그러면 안 됩니다. 오히려 조금 넉넉하게 드려야 그 부동산 중개소가 나의 인맥이자 파트너가 됩니다. 그리고 중개비를 넉넉하게 주면 원하는 시세대로 최대한 거래를 연결시켜 임대나 매매를 해줍니다.

중개사와 소통을 열심히 하자

물건을 여러 번 내놓고 수많은 중개사를 상대해보면, 열심히 하려고 하는 중개사와 그렇지 않은 중개사가 확연히 구분됩니다. 어떻게 해서라도 임대를 맞추거나 매매를 성사시키려고 하는 중개사는 눈에 보입니다. 물건을 찾는 임차인이 있으면 싹싹하게 보여주려고 노력합니다. 집을 사려는 손님이 있으면 매매를 적극적으로 유도합니다. 이런 중개사에게 좀 더 적극적으로 물건을 내놓으면 좋습니다. 더 자주 연락해서 계속 확인해야 합니다.

중개사는 하루에도 수십 통씩 전화하고 수십 개씩 매물을 다룹니다. 따라서 우리 물건을 잊어버리기가 쉽습니다. 그러므로 적어도 일주일에 한 번은 본인의 매물이 잘 홍보되고 있는지 확인 전화를 해야 합니다. 이런 식으로 중개사에게 계속 각인시켜야 물건을 찾는 수요자가 있으면 내 물건을 우선해서 보여주는 것입니다.

물건을 저렴하게 내놓자

한 달, 두 달 공실이 이어지면 대출 이자와 기타 비용을 고려해서 조금 낮춰서 매물을 내놓는 것도 하나의 방법이 될 수 있습니다. 경매로 싸게 샀으니 주변 물건보다 저렴하게 내놓는 일이 가능한 것입니다. 장기적으로 보면 월세나 전세 기간 만료 후 다시 금액을 협상하면 됩니다. 또는 매도할 때 금액을 조금 높이면 됩니다.

일단 낙찰받은 부동산을 임대 세팅으로 가져가기로 했다면, 우선은 세를 놓는 거에 집중합니다. 그래서 임대인지 매도인지 방향을 설정하고 거기에 맞게 밀고 나가야 합니다. 경매 물건을 조사할 때부터 어느쪽에 비중을 두고 처리할 것인지 미리 고려해보는 것이 좋습니다.

수상한 임차인을 피해라

임차인은 개개인이 서로 다른 사정과 사연이 있습니다. 그만큼 물건마다 정말 다양한 상황이 발생하게 됩니다.

임대인과 임차인은 서로 이해관계를 조율하여 임대차 계약을 맺습니다. 따라서 완전 100% 똑같은 계약은 없습니다. 그리고 부동산이 많아질수록 이상한 임차인도 만나게 됩니다.

부동산 투자를 하면서 최대한 피해야 할 것 중의 하나가 바로 소송까지 가는 것입니다. 소송은 시간과 비용이 들어가고 스트레스를 받기 때문에 가능하면 서로 대화와 협의를 통해서 조금씩만 서로의 사정을 고려해주는 것이 좋습니다.

월세가 미납되는 임차인의 특성

이사를 급하게 하는 사람

임차인 중에 미리 아주 급하게 또는 촉박하게 이사를 오려는 사람이 있습니다. 주로 이런 경우는 거의 항상 금전적으로 문제가 발생했습니다.

따라서 임차인이 입주를 서두르면 어디선가 쫓겨나오는 상황일 수도 있고, 기존 부동산에 임대료를 내지 못할 정도의 형편일 수도 있습니다. 그렇다면 신용상의 문제도 있을 수 있고 또다시 이런 일이 발생할 확률이 높으므로 이런 유형의 임차인은 계약을 피하는 것이 좋습니다. 너무 급해 보이면 일단 이런 내용을 상기하고 진행하시기 바랍니다.

보증금을 줄이려는 사람

임차인 중에 보증금을 줄이고 월세를 조금 더 내려는 사람이 있습니다. 보통 보증금은 나중에 돌려받는 돈이기 때문에 월세를 낮춰달라고 하는 경우가 일반적입니다. 따라서 '일반적이지 않다'라는 이야기는 무슨 문제가 있다는 말로 생각하시면 됩니다.

임대차 보증금은 말 그대로 보증을 해두는 담보 금액입니다. 적절한 담보 금액을 설정하지 않으면 피해는 고스란히 임대인에게 돌아옵니다. 예전에 간혹 '보증금 없이 월세만 내면 즉시 입주 가능'이라는 문구도 본 적이 있습니다. 하지만 이런 조건으로 사는 임차인일수록 월세가 미납되었을 때, 임대인이 받는 물질적·정신적 손해와 스트레스는 상당히 커집니다.

적절한 보증금은 보통 임대료의 10배입니다. 임대료가 10만 원이면 보증금은 100만 원, 임대료가 30만 원이면 보증금은 최소 300만 원은 받아야 합니다. 왜냐하면 임차인이 임대료를 내고도 집에서 나가지 않으면 최후에는 명도소송을 해야 하기 때문입니다. 임대인이 명도소송에서 소송 기간으로 소요되는 기간이 10개월 정도입니다.

참고로 월세를 계속 미납하는 세입자가 "보증금에서 까세요!"라고 한다면, 절대로 "네"라고 대답하면 안 됩니다. 보증금은 보증금일 뿐이고, 빠른 시간 내에 월세를 내라고 독촉해야 합니다. 이렇게 하지 않고 그냥 보증금에서 제하면 보증금은 순식간에 떨어집니다. 이런 경우 나중에 명도를 할 때 금전적인 손실이 나기 쉽습니다.

보증금을 일부만 먼저 주려는 사람

임차인 중에 보증금은 일부만 내고 나머지는 다음 월세를 낼 때 주겠다는 사람이 있습니다. 이런 경우는 대부분 경제적으로 문제가 있는 경우입니다. 보증금도 당장 마련하지 못했으니 월세를 밀리지 않고 낼 확률도 낮을 것입니다.

게다가 시간이 지나 월세뿐만 아니라 다음에 주겠다던 보증금까지 미납될 확률이 높습니다. 사업을 하고 있고 곧 받을 돈이 있다는 핑계를 댈지도 모릅니다. 하지만 그 문제는 임대인이 받아야 하는 월세와 아무런 상관이 없습니다. 불안하면 무슨 일을 하는지 물어보는 것도 방법입니다. 안정적인 직장을 가진 사람은 절대 월세를 미납하지 않습니다.

해당 경매 물건의 전 소유자

경매의 경우 전 소유자가 월세로 해당 물건에 살고 싶어 할 수 있습니다. 경매로 집이 팔렸으니 이제 스스로 임차인이 되려는 것입니다. 이 역시도 부정적인 요소가 많습니다. 경매로 넘어간 사실 자체가 지금 경제적 상황이 좋지 않다는 뜻입니다. 경매 투자자라면 냉정하게 수익을 생각해서 임대차 계약을 맺어야 합니다.

처음부터 상황 파악을 하고 단호하게 명도를 결정하지 못한다면, 낙찰자가 오히려 점유자에게 끌려다닐 수도 있습니다. 예를 들어 이사할 집을 알아보고 있는데 그 전까지 월세로 살기를 희망하는 전 소유자도 있습니다.

이때 계약서를 작성하게 되면 월세는 임차 계약이기 때문에 인도명령 대상이 되지 않습니다. 점유자가 아닌 이제 새로운 세입자가 되는 것입니다. 따라서 약속한 날짜에 나가지 않고 버티게 되면 인도명령이 아닌 명도소송까지 가야 하는 상황이 발생할 수도 있습니다.

따라서 이런 상황을 어쩔 수 없이 허락해야 하는 경우라면 월세에 준하는 위약금과 같은 형태로 입금을 받아야 합니다. 그래야 이후 불미스러운 일이 발생하더라도 명도소송 절차를 순조롭게 진행할 수 있습니다.

에필로그

반복과 실천만이 나를 부자로 만든다

처음 부동산 경매 투자를 시작하면 당연히 두려운 마음이 듭니다. 잘못 투자하면 내가 평생 모은 돈을 날릴 수도 있는 일입니다. 아무리 열심히 물건 검색, 시세 조사, 현장 조사를 해도 법원에 입찰표까지 제출하는 사람은 정말 드뭅니다. 아는 것과 행동은 별개의 문제입니다. 안다고 해도 행동까지 이어지지 못하는 사람이 대부분입니다.

부동산 경매 투자의 마지막 핵심은 두려워도 실행하는 것입니다. 제대로 된 투자 단계를 거쳤다면 절대로 손해보는 입찰을 할 일은 없습니다. 일단 시도하면 둘 중 하나입니다. '낙찰받고 수익 내기'와 '패찰하고 성장하기'입니다. 결론은 어느 쪽이든 둘 다 남는 장사입니다.

패찰이 절대로 실패를 의미하지는 않습니다. 오히려 패찰은 나만의 수익 기준을 잡는 데 도움이 됩니다. 하지만 사람들은 그 점을 잊고 쉽게 포기해버립니다.

해결 방법은 반복밖에 없습니다. 이 책을 통해 실질적이고 지속적인 도움을 받고 싶다면 '대충 한 번 훑는 것으로 충분하겠지'라는 환상을 버려야 합니다. 매번 시간을 내서 다시 읽어야 합니다.

저는 이 책을 읽으신 분들과 영원히 함께하고 싶습니다. 제가 깨달은 부동산 경매 투자 9단계 시스템을 전부 공유한 분들이기 때문입니다. 여러분이 꼭 저와 같은 경험을 하고 다른 사람들에게 이렇게 말할 수 있는 날이 오면 좋겠습니다.

"부동산 경매, 그거 별거 아니던데?"

부자로 가는 길은 쉽지 않습니다. 하지만 이 책만 따라온다면 여러분도 반드시 부자가 될 수 있습니다. 이 책을 읽으면서 부동산 경매를 하려고 노력했던 순간을 잊지 마세요. 그 기억을 가지고 끊임없이 반복하고 실천해야 합니다.

반복과 실천으로 단 한 번의 제대로 된 경험을 만듭시다. 그 경험 한 번이면 여러분은 부자로 가는 고속도로에 올라설 수 있습니다. 그 길을 여러분과 함께하겠습니다.

경매하는 직딩아빠

부동산 경매 투자 9단계
경매하는 직딩아빠

초판 1쇄 인쇄 2024년 5월 16일
초판 1쇄 발행 2024년 5월 30일

지은이 | 경매하는 직딩아빠
펴낸이 | 권기대
펴낸곳 | ㈜베가북스

주소 | (07261) 서울특별시 영등포구 양산로17길 12, 후민타워 6-7층
대표전화 | 02)322-7241 **팩스** | 02)322-7242
출판등록 | 2021년 6월 18일 제2021-000108호
홈페이지 | www.vegabooks.co.kr **이메일** | info@vegabooks.co.kr
ISBN | 979-11-92488-69-1 (03320)
